くるよ
ちゃん

はじめに

おばあちゃんになっても、
いつまでも「くるよちゃん」のままであり続けたい。
それが私の希望です。
子どものまんまでいたいというのかな。
大人を頑張って、頑張って通りすぎてしまって、
今も昔もずっと「くるよちゃん」のまま。

そんな存在になりたくて、
いつも笑顔で駆け抜けてきました。

今くるよ

もくじ

まーはんのこと

実家について

私、酒井スエ子は三男三女の末っ子として、京都に生まれました。

十五歳上の長男から私まで、きれいに「男・女・男・女・男・女」の順で産むんですから、お見事としか言いようがないでしょう？　物静かな会社員の父を支えた母がまた、女前な人でした。気骨ある昭和オンナの母は、六人の子どもを育てながら、自宅で駄菓子屋をはじめたのです。

母はおもろい駄菓子屋のおばちゃんだと、近所で話題だったんですよ。

「アンタ、なんぼ持ってんねん」

お菓子どれにしようかなぁ、と迷っている子にそう言って、財布を開けさせる。

「五円しか持ってないって、アンタ、辛気《しんき》くさい子やなぁ！」

辛口なことを言いながら子どもの相手をしてあげるものだから、ウケて。
「ちゃっちゃと遊んで、はよ帰りやーー」
と、私の母にボロカスに言われるのが、子どもたちにとっては楽しかったみたいです。

小学生の私も、駄菓子屋のお手伝いを自主的にしました。

お菓子を仕入れる問屋へは、ちいさな身体で自転車をこいで十五分ほど。荷台にお菓子の袋を積んで、息を切らせて母が待つ家まで自転車を走らせる。六人目の末っ子ともなると、両親から「あれをしろこれをしろ」と言われなくても、自力で手伝えることを見つけるのでしょう。それに、働き者の母の背中をいつも見ていましたから。

母は毎朝、家族八人分の洗濯物をタライと洗濯板を使って、せっせと洗っていました。それだけでも大仕事なのに、なおかつ家族の生活を支えるためにと、駄菓子屋を毎日開けた。時々ボヤくことはあれ、たらたらと愚痴をこぼすことはない。彼女の唯一の楽しみは、新聞を読むことぐらいだったんじゃないかな。父の楽しみは、毎晩飲むたった一合のお酒だけです。あとは両親ともに黙ってひたすら働くのみ。昔の人は忍耐強いな、偉いなとしみじみ思います。

ものを大事にするのも、昔の人の偉いところ。

私がＯＬをしていたときに着ていたお古の事務服を、母は捨てるのはもったいないと自分で着ていました。駄菓子屋のおばちゃんがＯＬさんの格好をしてちょんと座っている。そりゃあ子どもにウケますよね。

ソフトボール

ちいさな頃から身体が大きかった私は、中学校に入学すると、先輩から勧誘を受けます。

「あんた、うちの部活入りよし。ソフトボール部」

「ハーーイ（……ところでソフトボールってどんなスポーツなんやろ）」

私はいつもこうです。

人から何かを言われたら、真っ直ぐ素直に「ハーーイ」と言ってしまう。でもこの「ハーーイ」がなかったら、今いくよ・くるよという漫才コンビも存在しなかったように思います。

入部した松原《まつばら》中学校のソフトボール部はとっても弱いチームでした。そもそもソフトボールは九人いないとできないスポーツなのに、部員が五人か六人しかいないので、在籍した三年間で試合に出た記憶は一回ぐらいしかありません。スパイクではなくペタペタの靴を履いて、キャッチボールの真似事をして、気楽に遊ぶ毎日でした。そのグラウンドがそこそこ広かったので、毎日十七時に借りに来ていたのが、近所にある明徳《めいとく》高校のソフトボール部。インターハイでも注目を集める強いチームでした。

中学三年生のときです。部活の監督兼顧問であり、クラスの担任でもあった先生が、私を職員室へ呼び出します。そして唐突に「お前、明徳に進学しろ」と言うのです。とりあえず「……ハーーイ」と返事したのですが、聞けば、いつもグラウンドを借りているお礼としてひとりお預かりしましょう、という話が松原中学と明徳高校の間で交わされていたようです。つまり私は、グラウンドのお礼っ子……。こうして最弱チームの選手がひとり、なぜかハイレベルな選手ばかりいるチームにまぎれこみました。

同じ頃、その明徳高校に「ぜひ入学していただきたい」と懇願されている選手がいました。陶化《とうか》中学校の里谷正子《さとやまさこ》ちゃん……後の今いくよです。中学生の頃から有名選手だった彼女。これはずいぶん後に知ったことですが、彼女の場合は、制服代から学費まで何から何まで高校側が負担する。せやから明徳でプレイしてくれ、と言われたそうなので、私とは人生がまるで違います。

人生ってほんと、不思議なものだなぁと今しみじみと思います。

人生の転機

高校を卒業して、京都の会社に就職した私は、ゆるい毎日を過ごしていました。タイムカードを押して、働いて、みんなと一緒に社員食堂でお昼を食べる。ちょっと更衣室でお昼寝しようかなァ、と一時間デスクを離れても、誰も不思議がらない。このまま普通に恋愛をして、普通に結婚をしたら、それで私の人生は終わってしまうんだろうなぁ……。

そんなことを考えていたある日のことです。

「吉本興業がなんか芸人の募集してはるよ。酒井さんおもしろいし、応募したら？」

話を持ちかけてきたのは、同じ会社で働く女の子。漫才に興味があったわけではなかったし、実は吉本という会社の存在すら知りませんでした。けれど、ゆるやかに流れてゆく日々につまらなさを感じていたとき。刺激が欲しかったのだと思います。

「こんな話があるねんけど、どう思う？」

私が相談したのは、高校時代からの親友、まーはん……いくよさんでした。

ソフトボール界のスター選手だったいくよさんは、高校卒業後、スカウトを受けて生命保険会社の実業団でプレーしていました。ボーナスだってトップクラスです。そんないくよさんも、きっと、人生に物足りなさを感じていたんじゃないでしょうか。返ってきた言葉は、

「それ、おもしろそうやなぁ」

こうして私たちは、ふたりの履歴書を一枚の封筒に入れ、吉本に送ったのです。

漫才師志望

いくよさんとふたりで応募した吉本の芸人募集。でも、面接の通知がきたのはいくよさんだけで、実は私は書類選考で落ちてしまいました。健康的でかわいらしい写真を送ったんだけどな……。それでも諦めず、なんば花月で行われた面接に私もついて行ったのです。

面接部屋にまずひとりで入ったいくよさんは、「（新喜劇の）女優志望か？」と聞かれ、「いえ、漫才師です。選考に落ちた相方が、今日来てるんです」と、私を部屋に呼び込みます。

「なんや漫才やりたいんか。ほなネタやってみぃ」

「……漫才教えてくれはるんちゃうんですか？」

お恥ずかしながら、吉本に入れば漫才をイチから教えてもらえると、そう思っていたのです。

当時の吉本はまだまだ小さい会社でした。フリーランスで舞台に立つ芸人さんを吉本がスカウトするか、あるいは誰かが間に入って、「この子らおもしろいでっせ」「ほな一度、うち（吉本の演芸場）に出てみるか」と、そんな感じで所属タレントを増やしていたみたいです。だから、漫才の知識ひとつないＯＬが吉本の門を叩くとは、会社も想像していなかった。

その面接のときは「一分だけ時間をください」と言って、急遽ネタを作りましたが、当然ひどい内容。「秋も深まったね」「何メートルぐらい？」という二言だけのネタで、面接官にこっぴどく言われてしまいました。

甘い夢を見たらあかん。吉本は、業界の厳しさを訴えます。

「この世界、ギャラだけで食うていこうと思ったら、十年は掛かるぞ。それでも気が変わらなければ、また後日、心斎橋《しんさいばし》にある本社へ来なさい」

内心では、さすがに心が折れてくれただろう、と思ったのではないでしょうか。一週間後、本当に本社へ現れてしまった私たちの姿に驚いたと思います。さらに二週目に入っても、まだ辞めようとしない。そこで吉本が頼った相手というのが、同じ女性である今喜多代《いまきたよ》師匠。そうして私たちは、喜多代師匠のもとに弟子入りすることになります。

師匠にしてみれば、「会社が言うのだから、しかたないわね」といった感じだったと思います。

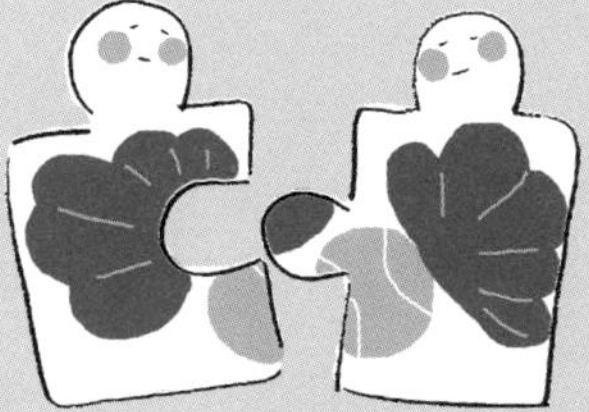

弟子としての失敗

元ＯＬのシロウトから芸の世界に入ったものですから、弟子時代は失敗だらけです。師匠である喜多代の漫才コンビ、島田洋之介《しまだようのすけ》・今喜多代《いまきたよ》の漫才って、めちゃくちゃおもしろいのです。舞台袖で漫才を見ながら、師匠やっぱりおもろいわァと笑っていたら、師匠が怒って「アンタらが笑うんやなしに、どこで客が笑ってるんか勉強しなさい！」。その通りですよね。


こんなこともありました。京都花月の楽屋で師匠から、

「おい、ちょっと錦市場で明日の朝食べるおかずを買ってきて」

と、おつかいを頼まれたのです。

「ちょっと朝食を」と言いながら、師匠が財布から出したのは一万円。さすがは大御所

芸人さん、フンパツするなぁと、まずは魚屋さんに向かいます。若狭カレイが一枚二千円で売っていたので、「女将さん、すみません二枚ください」と注文。カレイを買ってもまだ六千円も余ってるわ。いくよちゃん、どうする？　お味噌汁も作りはるやろうから、上等なお味噌も買っとこな。あとは、お漬け物にあれもこれも……。

そんな風に買い物をしているうちに、やっと残金が千円ぐらいになったので、十分だろうと楽屋に帰ったのです。

買い物袋の中身を見た師匠は、声を張り上げます。

「お前らはアホか！　合計三千円ぐらいでええんじゃぁ！」

一万円分の豪華な朝食が食べたいわけではなかったようです。うーん、その時はわからなかったなぁ……。

芸名

はじめてうめだ花月の舞台に上ることになった女漫才コンビ「スエ子・正子」は、その前日の夜、当時の吉本の専務と師匠の今喜多代とともに、話し合いをしていました。

会社としても、そろそろ「ちゃんとした芸名をつけな、あかんやろう」というわけです。


若い女子ふたりの漫才コンビですから、女の子っぽい芸名がいいんじゃないかと、私たちも案をひねりだしました。

「ララ子はどう？」

「ふじこもかわいいな」

と提案しましたが、結局は、師匠がイマキタヨなら弟子はイマイクヨでどうだろうと、師匠の芸名を踏襲する形で、まーはんの名前はすぐに決まります。ところが、私の名前がなかなか決まらない。

親が「今来たよ」であり、子どもの片割れが「今行くよ」というのならば、「今来るよ」もすぐ思い浮かぶのでは？　と思うかもしれませんが、そのときはみんなしてうんうんと頭を抱えました。そこでふと、

「目が〝くるっ〟としてるから、くるよなんてどうえ？」

そう提案したのは、実は私本人だったのです。

芸名「くるよ」の由来は、目がくるっと大きかったから。

これってちょっと、知られざる話ではないでしょうか？

ご褒美はワンカップ

京都の実家に暮らしていたのは漫才ブームがくる直前ギリギリまで。売れない時代は長かったけど、大阪の劇場出演に地方営業にと、そこそこは忙しくさせてもらっていました。しかも、はるばる京都から通っていたから、身体はヘトヘト。

二十代後半女子、夜の「お手入れ」といったら、私の場合はやっぱりお酒です。

当時は実家にお風呂がなく、日課は毎夜の銭湯通い。銭湯の帰り道に自販機があったのですが、深夜に「ごんごろごんっ」と大きな音を立てて、大関のワンカップを必ず二つ買わなあかんのです。それを家に持ち帰り、二階にある私の部屋でうきうきとしながら蓋を開け、そしてひとりグビ～～～ッといけば、「あぁ、幸せや……」と至福の時間。ツマミもなし。お酒のお供はラジオから流れる『リクエスト寄席』。これが、頑張った自分へのご褒美タイムでした。

しかし、ワンカップの空き瓶を隠そうと押し入れに溜め込んでいたのはさすがにまずかった。ゴミ袋が三つになったときに母親に見つかってしまい「お前、女の子やで！情けない！」と嘆かれちゃいました。

漫才ブームに入ると、家というのはバターンと倒れて寝るためだけの場所。ちょっとでも時間が空くと、ぐちゃぐちゃにモノがひっくり返った部屋を片付けることが「息抜き」だと思わないといけないぐらい、働き詰めでした。ワンカップをひとりきゅっといく、あの頃のささやかな幸せを、よく懐かしんでいたなぁ。

女友だち「ひがちゃん」

明徳高校ソフトボール部に「ひがちゃん」という、ひとつ歳上の先輩がいました。本名は上村《かみむら》加代《かよ》さん。体育会系だから上下関係が厳しかったのですが、後輩にもフランクに接してくれるひがちゃんは、今でも仲のいい女友だち。顔がくちゃっとしていて愛嬌のある彼女、そのキャラクターも芸人顔負けのおもしろさです。

そんなひがちゃんですが、なんと不倫を五回も繰り返したのです。

漫才ブームのときによくあったのが、その芸人の親族や友人、お世話になった人のテレビ出演です。今いくよ・くるよの場合、各テレビ局が出演オファーをしていたのは、やっぱりソフトボールのチームメイトでした。

しかし、いつ連絡しても、ひがちゃんだけが音信不通。それもそのはず、彼女は恋の逃避行中だったのです。そのときのことを申し訳なく思って、一気に取り戻そうと、最近テレビ番組『なるみ・岡村の過ぎるTV』に二回も出演してくれたのですが……。

それはさておき、そんなひがちゃんは今、京都の城陽《じょうよう》市でスナックのママをしています。オープンした時期は元旦那さんとの別居期間中だったのですが、不倫ばかりしていた彼女がつけた店名は、まさかの「セカンド・ラブ」！

天真爛漫なひがちゃんから教わったこと。それは「人生、くよくよするな」という言葉でしょうか。

母からの叱咤

隠しごとっていうものは、必ずバレるものですね。

実は私、ＯＬを務めていた会社を辞めて吉本に入ったことを半年間、母に黙っていたのです。

喜多代師匠は大御所ですから、舞台の出番はいつもトリ。弟子の私たちも必然的に帰るのが遅くなります。それを母には「残業」だとごまかして、「朝はよ出社して、おそぉに退社する会社やねん」と言って、なんとか切り抜けた半年間でした。

それが嘘だということを母に伝えたのは、自宅に届いた一枚の通知書。社会保険終了のおしらせです。

通知書を見た母は、「あの子やったらスエ子のことなんでも知ってるはずや」と、いくよちゃんに電話をかけます。いくよちゃんが「実は吉本を受けて……」と告白すると、「あんたが誘ったんか？」と問いただしました。まさかうちの娘が漫才師になりたがっているだなんて、想像もしていなかったのでしょう。そこで、いくよちゃんは、「おばちゃんなに言ってるの？　誘ったん酒井さんよ……」って真実を告げてしまったのです。

「漫才させるために高校まで行かせたんちゃうで！」

母はそう怒りながらも、師匠のところまで挨拶に行ってくれました。これが母の一度目の叱咤。二度目は、吉本に入って何年も経つのに仕事もなく家にいる娘を見て、「どないするねん結婚」と、悲しい顔して言われました。あれは心を決めて言ったひとことだったと思います。でも、母が口をはさんだのはたったの二回だけです。

心配はすれど余計なことはいっさい言わない。そんな母でした。

頑張り屋さん

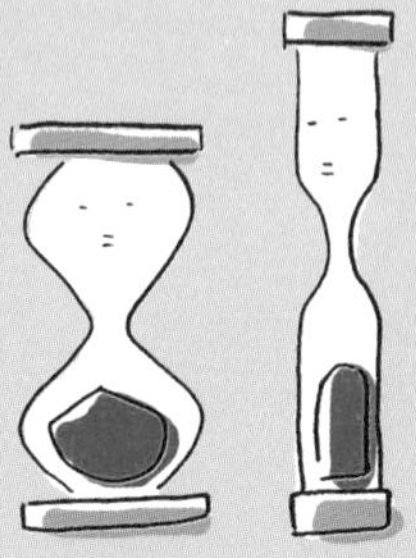

思えば「一生懸命やらなあかん」という口癖は、母親からうつった言葉でした。
そして私が大尊敬する黒柳徹子さんも、まさに「指の先まで一生懸命」な人です。黒柳さんの舞台を毎年拝見していると、観ているこちらまで力が入るほどなんです。
「今日のステージのために黒柳は力を温存してきました！　持っている力すべて出して頑張りますので、どうぞご覧ください！」
というのは黒柳さんに対する私の勝手な想像なんですけれど、一生懸命さがバーーーンと届いて圧倒される。ずっと第一線を走る黒柳さんでさえ、「手抜きはしませんよ！」という姿勢です。頑張り屋さんは全神経を指先まで集中させて、仕事をする。そうしないと誰が許してくれないって、「自分」が納得しないのだと思います。

今いくよ・くるよの意地もそうです。

私も青あさができるまで自分のお腹を叩いたし、私がはたくから、いくよさんの肩はいつも紫色に染まっていました。

余力を残して舞台を去るのが嫌だ。古くさいですけど、「一席入魂」をいつも胸に掲げていました。


これからは、若手の舞台をもっと観なければいけないな、と自分に課しています。ちいさなプロダクションでやっている子のお笑いも観たいし、漫才以外でも、無名小劇団の子たちの演劇も観てみたい。すごいなぁこの子ら、と判断する基準は「指の先まで一生懸命やってるか？」です。例え不器用でも、ひたむきな姿が上手下手を越えるときがあるから。パワーをもらって、私もいつまでもハッスルしていかなくっちゃ。

演芸人の身なり

私がお人形さんのような衣装を着るずっと前から、衣装はオーダーメイドでした。芸名が今いくよ・くるよになって間もないときだから、ギャラがロクにないときです。

喜多代師匠の私服を作られていたデザイナーさんに、師匠がいないときにこそっと、「例えば舞台用のスーツを作ってもらうのは高いですか?」と聞いたのがはじまり。返ってきた金額は手が届かないほど高かった。それでも無理を言って十回払いにしてもらい、作ってもらったその服を着てなんば花月・うめだ花月・京都花月を一巡したら、二巡目は「衣装どうしよう……また新調しようか」となるのが私たち。

お客さんからすれば無名芸人が前回どんな服を着ていたのか、例え同じ衣装でも、ひとつも気にならないことだと思います。けれど、私もいくよさんも手を抜くことが嫌だった。安い服を高そうに見せるのが嫌だった。

全国に顔を売るきっかけとなった『花王名人劇場』の出演を機に、私はど派手な衣装を着はじめます。作ってくれていたのは、いくよさんの行きつけだった梅田の高級ブティックの売り子さん。実はデザイナーではない方だったのです。

「お腹を叩いたときに音が出る衣装がいい」

いちばん最初に作ったときの注文は、このひと言だけ。

やがて、オモチャのバケツが衣装に縫われ、輪っかをつけたりナスビをくっつけたりとエスカレートしていって……おっきなお年玉のポチ袋になりきる衣装もありました。

そんな私の隣では、二十万円のブラウスを着たいくよさんが立っていました。テレビ出演するときは、一度も袖を通したことのない服を着るのが「当たり前」だと、ふたりして衣装を新調するのがお決まり。私たちの「儲け」とは、お客さんがワァと喜んでくださること。働けど働けどの衣装貧乏も、全然苦にはなりませんでした。

演芸人は身なりをきれいにしなければならない。

それが舞台に立つ者の礼儀である、というのが今いくよ・くるよの考えです。

横山やすし師匠だってそうです。いつもビシッと決めていて、靴だって自分で磨かれる。そういえば若い頃、やすし師匠がこんなことを言ってくれました。舞台袖で私たちの頭から足先まで順に点検して、

「よしっ、このままいけよ！　衣装汚かったらあかんぞ。ましてや女のヨゴレは、あかん。白を着てても茶色や灰色に見えるやつもおるからな」と、的確なアドバイスをいただきました。

時が経ち、「姉さん」と言われる立場になりました。後輩に芸のことは何も言わないけれど、私たちが唯一言っていたのは「漫才師は足の先まできれいにしなければならない」ということ。これだけです。

ある番組で共演した漫才師が、揃いもそろってドロドロの靴を履いているのを見てしまったときは、「後で楽屋来ぃさ」と言って靴代をいくよさんと包んであげたものでした。もはや家族だと思っている中川家と、串カツや焼鳥を食べながら喋る内容も、身なりの話です。マタキチ（ピースの又吉君）には、ぼさぼさ頭の分け目だけでもきれいにしなさいと言ったけど、つい最近テレビを見てたらまた分け目が段違いになっていたなァ。

こうなったらもう、私がハサミを持って行って、髪をさっぱり切るしかないか。

紅白歌合戦に出演したときの衣装です。舞台上でポロッと落っこちた白い玉を拾ってくれたのが、チェッカーズのフミヤ君。記念に欲しい、と言ってくれたのでプレゼントしました！

いくよ・くるよ
衣装コレクション

「いくよちゃんはクールビューティ、私はかわいくて抱きしめたくなる、がコンセプト!」

まるで瞳のビタミン？ ひと目見るだけで元気になれる、ふたりの衣装。

本書だけの“いくくるファッション・ミュージアム”がオープンです。

鈴がシャンシャンやかましいわァ。くるよちゃんといったら、ぶら下げ系の衣装。カボチャにスイカ、お子さんが蹴って遊ぶカンカン…いろんなものを身体にぶら下げてきたなぁ。

いくよ・くるよ
衣装コレクション

かわいい衣装にハプニングはつきもの？　週刊誌にスクープ写真として掲載されたのが、この衣装。サービス精神が旺盛すぎたくるよちゃんの失敗は、P84をぜひお読みください…。

一体どんな構造になっているのか気になるみたいで、楽屋に衣装を置いて帰ると内緒で着ちゃう若手の子も(笑)。「参考にしたいから着てみていいですか?」と言う後輩もいるけど、私の派手な衣装が、はたして彼らの参考になるのでしょうか…。

いくよ・くるよ 衣装コレクション

ボリュームに助けられたことがあります。なんと大失態、下に穿くスカートを忘れた! でも大丈夫。トップスがバルーンワンピースのようなボリュームだったから、一枚でイケた。とはいえその日は生放送のテレビで、スリル満点やったぁ。

『漫才天国』(1987年) から、『笑いがいちばん』、『お好み演芸会』、『漫才祭り』(2013年) まで、NHKに残されていた番組出演時の記録。もちろん、ひとつとして同じ衣装はありません！

写真提供：NHK

くるよちゃんの
クローゼット拝見！
KURUYO'S
CLOSET

なんだか寝息が聴こえてきそう？ みんなを笑わせた後、くるよちゃん家の一室でスヤスヤと眠る衣装たち。

「こうして見ると遊園地のよう。クローゼットのなかに“衣装のメリーゴーランド”があるみたいで、いやん、ロマンティックやんかいさぁ…」

衣装は透明のゴミ袋に収納。横着者に見えるかなぁと笑いつつ、でもこれが「正しい衣装のしまい方」なのだと、くるよちゃんは言います。

「理由は3つ。ゴミ袋が一番、シワが付かないんです。あと私の衣装って、輪っかやなんやといろんな装飾が付いてるでしょう。ゴミ袋にひとまとめに入れることで“迷子”にならない（笑）。そしてゴミ袋の最大のメリットが時短。漫才ブームのときは特に忙しかったから、用意する衣装も1着じゃない。ゴミ袋ならパッと掴んで現場を渡り歩けるし、楽屋で早着替え＆時短収納できる、とイイこと尽くめ！」

無数に積み重なる衣装は、いったい何着あるのか数えることも不可能だとか…。もう着ることのない衣装がほとんどだし、場所も取る。だけど、思い出を捨てたくない。

「ホッと安心するんやろうね。これからもずっと、近くに置いておきたいんです。もう、衣装たちと同棲してるみたいなもんやから（笑）」

初舞台から初花月

劇場デビューとなるうめだ花月の初舞台は、散々なものでした。なにしろ漫才の最中に顔を真っ赤にした支配人が走ってきて、手でバッテンマークをつくっているんですから。吉本に入門してまだ三ヶ月そこそこのひよっ子が、なぜうめだ花月の舞台に立てたのか。まずはそのお話から、はじめますね。

うちの師匠の島田洋之介・今喜多代が全国ツアー（いわゆる旅公演）に出ていたとき、弟子の私たちも同行していました。師匠のほかには、かしまし娘さんやタイヘイトリオさん、宮川左近《みやがわさこん》ショウさんなどなど松竹の豪華メンバーが勢揃い。

ところが、ある事件が起きます。

出演者のひとりである噺家さんが、待てど暮らせど来る気配がないのです。今から新しい出演者を探す時間もなければ予算もない。慌てる興行師は、そのとき、ある人影を発見したのです。喜多代師匠の横にいる、ジャンパーと綿パンでお揃いコーディネイトをした私たちふたりの……。

「師匠、ふたりを貸してもらえません？」

急遽、「スエ子・正子」として初舞台を踏んだ私たち。しかし、入門してたったの三ヶ月。笑いのイロハをまだ知らない子たちが、ネタを用意できているわけがありません。当時人気があった二代目 平和ラッパ師匠のモノマネでしのぎつつ、うーんどないしようもうあらへん、ということで、とりあえずソフトボールの掛け声「ファイト！ ファイト！」を連呼して舞台袖に帰りました。

すると、興行師がまた言います。

「夜も出てくれへんか？」

これ、決してウケたからではありません。出演者は十組ですと告知しときながら九組しか出なかったらお客さんがうるさいからです。ただの数あわせですね。

でも、弟子がかわいい喜多代師匠はえらく喜んだ。この初舞台のことを、「うちの子

やったわよ！」と、吉本の取締役専務に報告したのです。当時の専務も男気がある人だったから、
「よぉし分かった。お前ら、明日からうめだ花月に出ぇ！」
と、会社の期待が集まってしまい……。

あれよあれよという間に決まってしまった、うめだ花月の初舞台。うめだ花月の舞台上には、前日みんなで考えたあたらしい芸名「今いくよ・くるよ」と書かれたベニヤ板が置かれました。舞台袖には、パイプ椅子に座る専務。漫才がはじまった一分後には、もうその姿はありません。そして、バッテンマークをしながら、だだだだだーっと走ってくるおっちゃん……。

この方、うめだ花月の支配人でやっさん（保田さん）と言います。なんでこんな子らが満席の舞台に上がってるねんと、辛抱たまらなかったのだと思います。それはそれは怖い顔して、舞台前でバツのポーズ。だけどこのサインの意味が、「ネタ途中で辞めて、舞台からはよ下りろ」だとは分からなかったのです。漫才をきっちりやった後、怒られちゃいました。

以降三年間は今いくよ・くるよがうめだ花月に呼ばれることはなく、よその舞台に上がることができたのも、三ヶ月に一回あるかどうか。

だけど、やっさんは私たちのことを、どこかでずっと心配してくれていたのだと思います。うめだ花月からなんば花月の支配人に異動されたとき、仕事がない私たちを呼んでくれたのです。それも、だいじなお正月公演です。まだまだちゃんとしたネタが用意できてないんです……と言うと、

「かまへんから、お前ら緞帳前《どんちょうまえ》（開演前）に出たらええんや」

と、言ってくれたやっさん。翌朝、楽屋に入ると「よぉきたな」と、ばーーんと晴れ着を二着用意くださっていたんです。やっさんも住まいが京都だから、きっと私たちと同じく朝の五時とかに起きたんじゃないでしょうか。さらに帯まで締めてくれはって。これには泣けました。一生忘れられません。

劇場デビューのときはカーッと怒られましたけど、それも愛。

いい思い出を残していただきました。

幼なじみの思い出

私の家の両隣には、歳がひとつ下の男の子がふたり住んでいました。

ひとりは砥石《といし》屋の「こうしろうちゃん」。

もうひとりはお米屋の「こうじちゃん」。

名前に幸せという漢字を持った男の子たちに挟まれて育ったのですから、私こそ幸せ者。私たちは、それぞれの家で寝泊まりもしました。お泊まり会と呼べるようなタイソウなものじゃなく、各自でご飯を済ませたら、「今日はこうしろうちゃんとこで寝よか」とただただ集まる。着の身着のまま、一泊ゼロ食の素泊まりです。生まれた瞬間から幼なじみの三人は、まるで家族のように過ごしてきました。

そんな「ふたりのコーちゃん」の性格は、まるでコインの表と裏。

こうしろうちゃんはとにかく明るい男の子。対してこうじちゃんは寡黙男子……いや、はっきりと言えば「喋りが重い」。憧れていた高倉健さんを意識していたみたいです。

今、思い出しても笑ってしまうのは、中学生のとき。ウチへお米の配達に来てくれたこうじちゃんは、米袋を肩にかつぎながら渋く現れました。そして米びつにお米を移し替えながら、ボソッと、

「……スエちゃん。明日、虫採りに行こう」

その頃の虫採集といえばトンボです。「一緒にトンボ採ろう」の誘いを健さん節で言ったところでカッコよくはならんで、とは当時のスエ子には言えません。ごくごく普通の女の子でしたから。

こうしろうちゃんにどきっとさせられたのは高校生のとき。私の家には同級生の女の子たちがたびたび遊びに来ていたのです。ある日、照れ屋さんのこうしろうちゃんが、「スエちゃん、ちょっとええか」と私に想いを打ち明けます。

「顔もきれいやし、声もきれい。好きになってしもうたわ……」

急なひと言に、どきっとしましたよ。ところが、聞けば恋の相手は私の女友だち。そ

んな胸がきゅんとする言葉、なんでいつもそばにいる私に向けて言ってくれへんの……。

結局、私からその女友だちに想いを伝えてあげたのですが、

「でもその子、スエちゃんの幼なじみやろ？」

と返されてしまいました。たぶんきっと、ひょっとしたらあの恋はこうしろうちゃんの初恋だったんじゃないかな。


やがてこうしろうちゃんは砥石屋の二代目に、こうじちゃんもお米屋を継ぎました。OLになった私も実家から会社に通っていました。大人になっても三人はずっと仲のいいお隣さん同士。だから私がOLを辞めて芸の世界に入ったときには、おそらくふたりしてミーティングしたんじゃないでしょうか。顔を合わせると「吉本ってどんな会社や？　大丈夫なんか？」とひどく心配してくれましたけど、男前なひとこと「困ったら僕のとこおいで」は言ってくれなかったなぁ。仕事が忙しくなってクタクタに疲れていたときも、たまに実家へ帰ると明るい顔で出迎えてくれる。ふたりのコーちゃんのその笑顔に、いつも励まされていました。

辞めません！

今いくよこと里谷正子、そして、今くるよこと酒井スエ子。私たちふたりに言ってはならない言葉が「辞めなさい」です。

言っても意味がない、と言ったほうがよいかもしれません。

吉本の門を叩いたときも「ホンマに漫才師なるんか？　辞めへんか？」と会社からは念を押され、高校の友人たちに会えば、「で、いつ芸人辞めるん？」と言われましたが、いつだって私たちは「辞めません！」のひと言。「辞めろ」と言われたら、「もう一本ノックお願いします！」と返す。これが、ソフトボールをやってきた私たちふたりの精神です。

日の目を浴びるまで十年以上かかりました。

今喜多代の弟子「スエ子・正子」から、女性漫才コンビ「今いくよ・くるよ」としてデビューできたところで、仕事はありませんでした。月に一回あるかどうかの劇場出番も、前座芸人さんのさらに前座として漫才をする、という仕事でした。

そんな、透明人間にでもなったような苦しい時代でも、いくよさんとは、いつもこんな言葉を言って励まし合っていました。

「これっぽっちの辛さ、グラウンドの厳しさに比べたらラクやな」

弱音を吐くこと。それが、私たちが一番嫌うことでした。

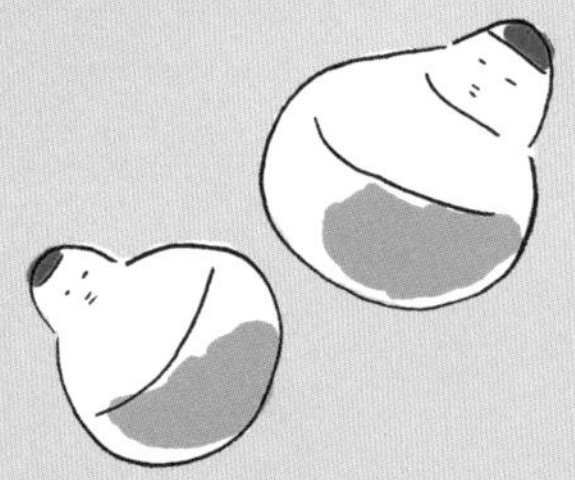

お客さんとのふれあい

吉本が持つ劇場も鍛えられますが、大好きだったのは地方営業。ちいさな町が用意してくださる愛情いっぱい、手づくり感満載のステージは、ジーンとくるものがあります。

あれはまだ漫才ブームが訪れる前、奈良の田原本《たわらもと》での営業です。町に着くと今いくよ・くるよの手づくり人形がどーんと飾ってあって、私たちをお出迎えしてくれるのです。売れてる芸人ならまだしも、当時の私たちはまだまだ無名レベル。そのあったかな心に泣きそうになっちゃって。ステージが真夏の野外だったから、ばんばん飛んでくる蚊を食べながら漫才したことも、ちょっぴり泣きそうになりましたけれど。軽く見積もっても十匹は食べたかな？　最高の経験をさせていただきました。

とある町では花火大会に呼んでくれました。ところが、擬音で表現すると「ザーッ」じゃなくて「ドゥワーー」というほど雨が降ってしまって、花火大会は中止。だけどお笑い大会は雨天の中、大いに決行。……なんで？　それはそうとこのライブは、舞台に上るまでのプロセスもおもしろかった。

空き地に設営したステージは、なぜか一般のご家庭の居間を通っていかないと辿り着けない不思議な迷路。居間に失礼すると、住人さんが「うちにある傘持ってったほうがよろしいで」と言う。いざ借りた傘をさしながらテントが張られたステージに上がってみると、お客さんみんな傘をさしているので顔がまったく見えません。それでも漫才をやったのですが、雨水が溜まるとテントがたゆんでしまうからと、係の方がテントを棒で突っつきます。すると、雨水がお客さんのほうへとバッサ〜、お客さんワァキャアです。この状況ならさすがに中止になるかなと思ったら、次に控えるサイン会も予定通り決行。お客さんも傘さしながら列に並んで、私たちも傘さしながら色紙に書く。忘れられない光景でした。

芸人の栄養素といったら、やっぱりお客さんとの生のふれあい。これに尽きます。

映画の経験

芸人になって飛び上がるほど嬉しかったお仕事依頼は、幼少から大好きだった映画出演のお話です。二本とも漫才ブーム真っ只中。スーパー忙しいときでした。

一本は、「ただ渋谷の交差点を走るだけ」の出演。

ビートたけしさんが主演の映画みたいなんですけど、タイトルもいまだに把握できてないんです。だって、舞台だったかのCM撮影をしたまんまの衣装で現場に連れて行かれて、「はい！　いくよさん、くるよさん、走って！」と告げられただけ。え？　セリフは？　前後のストーリーはどんなんですのん？　なんて聞いても、とにかく現場は急かします。頭のなかのクエスチョンが消えないままブワァーッと走って、「はい！　オーケイ！」。

私が派手な衣装で走っている映画が、どうやらこの世にはあるみたい。

もう一本は、八十一年公開の『マンザイ太閤記《たいこうき》』という長編アニメで、『花王名人劇場』の澤田隆治《さわだたかはる》プロデューサーが漫才ブーム渦中に手がけた全国公開の大作です。

声の出演者は、ザ・ぼんち、島田紳助・松本竜助、そして今いくよ・くるよ。キャラクターも私たちの顔にそっくり似せて、主人公である豊臣秀吉(声は、ぼんちおさむちゃんです)の妻・ねね役に選んでいただけたのです。全国公開の映画でヒロイン!

そうなると期待してしまうのはギャランティ。だけどまたまた頭クエスチョンです。楽しみにしていた明細書を開けると、書かれているのは、ラジオ出演一回分とまったく同じ金額だったのです。

「ラジオも声出す。映画も声出す。同じことやろ?」

この返しには、さすが吉本の成せるわざやなぁと、むしろ感心しました。

飲み方について

若手のころ、大師匠であるにもかかわらず飲みに連れて行ってくれたのが五代目 桂文枝師匠です。同じ舞台に立つと、私たちの出番は一番目で師匠はトリ。すると楽屋の大部屋で「今日待っとけよ」と、誘い文句も粋なのです。「ボクがよぉ行く店や」と暖簾をくぐったのは、大将がひとり立つカウンターだけの渋い酒場。師匠と大将がつとつとと喋り、クイッと熱燗を飲む。そして静かに「この飲み屋の風情を見ておきなさい」と言った師匠の遊び方に、噺家としてきれいな一本道を歩かれる師匠の生きざまが見えました。

六代 桂文枝を継がれた三枝兄さんも（当時のお名前で失礼します…）たびたび食事に誘ってくれたのですが、さすが食の勉強家でもある三枝兄さん、選ぶお店はホテルレストラン。お上品にコース料理です。四代目 林家小染師匠も、ずいぶんとかわいがってくださいました。小染兄さんはざっくばらん、「朝潮橋《あさしおばし》におもろいお好み焼き屋あんねん！」。

みなさん飲みの達人だな、と勉強させていただきました。

噺家は少人数で飲む。対して漫才師は、みんなでわいわい。

その代表が横山やすし師匠です。誘い方も、楽屋のみんなに大声を張り上げて「待っとけ！ 待っとけー！！」。季節が冬ならばてっちりが定番。そしてもちろん、やすし師匠は鍋奉行です。もういいかな、と箸をつけようものなら「ちゃう！ まだ早い！」と言われ、若手ですし、みんなの分を小皿に取り分けようとすると「俺がやる！ 触んな触んな！」の怒声。酒場では、父であり母であろうとする。ファミリータイプの飲み方と言えますね。

おもしろいことに、お店の大将やお客さんと喋るときも、噺家と漫才師ではちょっと様子が違います。

噺家さんは相手をじっくり見て、じっくりネタを繰って、そうやって慎重に観察しながら会話をする。空間に、じわりじわりと馴染もうとするのです。漫才師の戦法は、瞬発力。その空間にいるみんなを一瞬にして喜ばせる、というのがそもそもの漫才師の芸風。酒場でも、ワン…ツー…スリー！　とほんの数秒で笑いを起こそうとするのが、漫才師の生き方です。

さらに、頭が下がるのが、歌手の方たちのサービス精神。地方のスナックで、プロがマイクを握るだけでもすごいなァと感心するのに、さらにママやお客さんに喜んでもらおうと、ご自身のヒットソングまで歌う。「タダで漫才しろ」と言われたら、もちろん漫才師は怒るのに……。

芸人はお酒が飲めたほうが絶対いい。私はそう思っています。

先輩方の遊び方や酒場での振る舞いを見ることは勉強になるし、ひとくちに演芸人と言っても「噺家」「漫才師」「歌手・俳優」で飲み方の特徴がある。酒場で学べることってほんと多いですから、今の若手芸人たちにも飲めたら得するよと伝えたいです。お酒に呑まれてしまっても、きっと大丈夫。「芸人やさかいしゃーない」って、むしろおもしろがってもらえるんじゃないかな。

大部屋の交流

今はなき大部屋楽屋。大御所と売れない芸人が同じ空間にいる、という昔の楽屋システムは、芸の肥やしになったなと実感します。楽屋の隅にポツンと座っているだけで、「芸人の粋」を見物できるのですから。

私たちが吉本に入りたての頃。「さすが芸人や……」とカルチャーショックを味わったのが、ある師匠の楽屋での振る舞いです。その方は、もうひとりの師匠と、ただ普通にお喋りをされていました。いわゆる楽屋トークです。お客さんもいない。ギャラも出ない。つまり「仕事をしなくてもいい」楽屋での休み時間に、その師匠は、普通の会話をしながら急に入れ歯をガバッと外したのです。笑いへの飽くなき探求心とパワー、サービス精神を目の当たりして、私ら若手芸人は頭が下がったものでした。

気遣いの大切さも、楽屋で教わりました。

例えその日のお看板さんである大師匠であっても、楽屋にピリピリとしたムードが流れないよう、わざとごろ寝の格好をする。リラックスしたポーズを取ることで、

「舞台の上で気を遣ってるんやから、楽屋ではゆっくりせぇよ」

と、若手に気楽に過ごせと促してくれているのです。

ひとつの部屋を共有するのだから、好き勝手なことはしたらあかん。勝手をしないというのは、つまり、ゆるやかな空気を作らなあかんということ。


今の楽屋は、個室制になっていることが多いです。各々の芸人がシャーッと自分の楽屋に入って、仕事が終わればまた、シャーッと帰る。気遣いやマナー、舞台を降りてから見える人間の器……そういったものを教わるチャンスや場所が、失われてしまったように感じます。

気がつけば芸人人生、半世紀。最近は若手と仕事で「絡む」ことが少なくなった私だけど、かつて大部屋楽屋にあったような交流を、私が引き継いで伝えなければならな

い。「最近どうえ?」と、積極的に話しかけるだけでいい。それが、私の役目かもしれない。

そんなことを考える今日この頃です。

引退試合だと思って

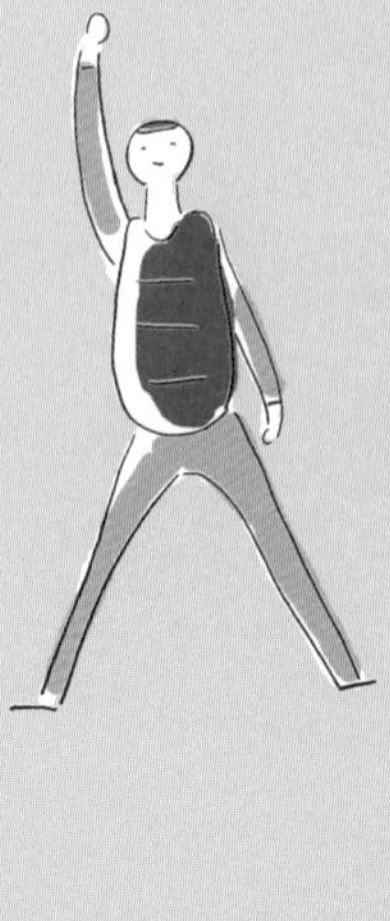

着ていた衣装の生地が、たまたま薄かった。お腹をトンと叩いたら、たまたま会場に「バチーーン」と音が響いた。すると、お客さんがドッと笑ってくれた。

すべては偶然の産物でした。

はじめてお腹を叩いたのは確かうめだ花月です。「いくよさんの胸はAカップ、私はワンカップや」と何の気なしにお腹を弾いたというのが、実は誕生秘話。お客さんが笑ってくれるなら、叩く回数を一回から二回にしよう。いや、叩き倒そうじゃないか。うめだ、なんば、京都の花月でそんな実験の時期を過ごしているとき、フジテレビ系の人気番組『花王名人劇場』から声を掛けられます。

一九八〇年。東京初顔見せとなる『花王名人劇場』の舞台は、国立演芸場。ただし人気番組ですから、大阪でもほぼ無名の芸人が「関係者の目に留まった」だけで出演できるはずがありません。無名の若手コンビやテレビには出られないベテランをまとめて舞台に上げて、漫才が受けたらオンエアされる…という真剣勝負。しかも当日は二本撮りで、先に横山やすし・きよし師匠の独演会を収録する、と。国立演芸場にいるお客さんもすでに笑い疲れているような状態で、どこにも笑いは残ってはいません。

ソフトボールの大会でたとえると、全国大会の入賞戦。そんな大舞台に、中途半端なことが大嫌いな私たちは決心します。

「これであかんかったら、辞めよう……」

引退試合だと思って、必死に一本の漫才をやりきりました。体感としては、百メートルを三秒で走り切りました。クタクタになりながら舞台袖に帰ると、司会を務めたやすし師匠が、こんな言葉をくれたのです。

「お前らんとこが一着やったで!」

……師匠、ボートレースやないんやから。でもその言葉は「合格」の判子をついてくださったのと同じ。無事、私たちの漫才はオンエアされ、その翌日から人生がガラリと変わるのです。

漫才ブーム

一九八〇年から一九八二年にかけて、いわゆる漫才ブームが起こると、十年間売れなかった今いくよ・くるよも「休日」の文字を失います。

例えばある日は、九本の出番を持っていました。大阪市内の九カ所を回るのなら、まぁまぁ忙しいね、で済む話ですが、大阪のうめだ花月からはじまって新幹線で移動し、漫才。そしてまた移動し、九本目の漫才をしたのはなんと四国。新幹線を一本でも乗り遅れるわけにはいかない。そんな無茶な時間配分。私たちはそれを「吉本スケジュール」と言っていました。

新幹線で全国大移動の日々。自分で担げる衣装は三着ぐらいが限度です。しかし「テレビ出演のときはサラの衣装を着る」という決まり事を私たちは作っていましたから、移動途中に、新幹線のホームで待つマネージャーから出来立ての衣装を受け取る、なんてこともありました。

今振り返ってもすごい時代だったなァと思うのは、テレビ局の予算のかけ方です。お正月のどっきり番組で、私たちはフランスに呼ばれます。フランスのワイン工場ではある踊りの儀式があるらしいから——お察しの通り、その踊りの儀式そのものが「嘘」なのですが——くるよさん、一緒に踊ってきてほしいと。私がワイン工場でただ踊ってる姿を撮るためだけに、フランスまでの渡航費をポンと出すテレビ局。だけど、日帰り（正味は機内一泊ですが）のほうが高くつく。プロデューサーもさすがに嘆いていました。

……贅沢な時代でした。

空前の漫才ブーム。それは、吉本興業がついにニッポンの笑いの天下を取ったときでもあります。とはいえ、会社は今ほど大きくはありません。多忙極まる人気芸人でさえもやはりマネージャーは専属ではなく兼任制だったし、倒れてしまう芸人も多かった。

あの当時は、みんな無理をしていたのだと思います。

ある日、うがいをしていた私。「アレ、喉につっかえを感じるな」と鏡の前で大口を開けると、喉元にプツプツしたものがある。さっき食べたトーストの粉が溜まってるんやわァ、と思いっきりうがいをするも、まだ取れない。それもそのはず、喋りすぎて声帯が化膿していたのです。

漫才ブームが終わっても、その後も、全国津々浦々の営業に呼んでいただけました。気がつけば私たちは、一日たりとて休みのない六年間をひた走っていたのでした。

お芝居のこと

漫才ブームが起きたちょうどその頃から盛りあがっていたのが演劇。いわゆる八十年代の第三次小劇場ブームというものです。今やベテランの「劇団☆新感線《しんかんせん》」もよく観に行ったし、野田秀樹さんが当時主宰されていた「夢《ゆめ》の遊眠社《ゆうみんしゃ》」もおもしろかったぁ。

東京で仕事があれば「芝居が観れる！」と喜んで、よく通っていたのが小劇場演劇の聖地・本多劇場。テレビ局から走って芝居小屋に駆け込むのですから、さすがくるよも若かった。演劇のほかにも文楽《ぶんらく》に歌舞伎もと、よくもまぁあんなにバタバタと忙しい時期に貪欲に観たものです。

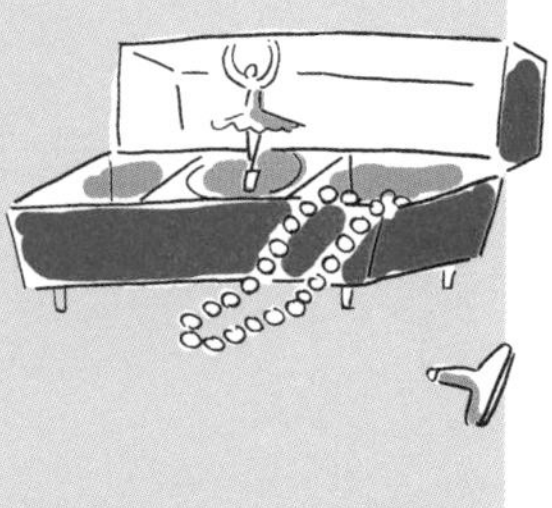

私が芝居好きって、意外でしょうか？

昔は、芝居一座と漫才師が組んで一ヶ月かけて全国を回る、総合エンターテインメントのような旅公演が盛んにありました。しかも、私たち漫才師も、お芝居にちょこっと顔を出さないといけないから、おのずと芝居に興味を持つようになったのです。

忘れられないのが、女優の園佳也子《そのかやこ》さんとご一緒したときの〝教え〟です。「あっちもサッサ～こっちもサッサ～」というキンチョー・サッサのCMも愛らしかった園さんは、大女優なのに脇役にまわられる演技派女優さんです。彼女からは「芝居はチームワークなのだ」と教えてもらいました。

例えば、あるひとがセリフを言っているときは、お客さんの目線がそっちへ集まるよう、他の役者は「邪魔しない演技」をしないといけないのだと。漫才は舞台に立つふたりに注目を集めればいい。でも、演劇は十何人と立つわけですから、なんて高度な舞台上のマナーなのだろうと、目を丸くした記憶があります。

あの御大、村田英雄《むらたひでお》さんと地方へ旅公演に出たときも、たっぷりと勉強させていただきました。

その日の公演先は、村田先生がお生まれになった佐賀県。さすがの故郷公演、開演前からお客さんが長蛇の列。演目は五十分ほどあるお芝居『花と竜』からスタートします。

ある日は、今いくよ・くるよにはいつもより長めの見せ場を作り、さらに稽古を全くつけていないウチのマネージャーまで、先生の「大丈夫や」の鶴の一言でひっぱりだして殺陣をやることになり……と思いがけない演出がいっぱい。終いには、「ここはカットカット！　はい、ここも飛ばして！」と、お客さんが見ている前で村田先生は演出までしはじめます。そうこうしているうちに芝居パートが二十五分に短縮されたという日もありましたが、司会者の「次は歌謡ショーです！」のひと言に純粋なお客さんたちは拍手喝采です。さぁ、「待ってました！　ムラタ！」のかけ声とともに拍手を浴びた村田先生がマイクを握った第一声は、何だったと思います？

「やかましい！　黙って聴け！」

これぞ、大物の生き様。ちなみにその歌謡ショーも、巻き気味でマイクを置かれたのですが……。

ちょっぴり話がそれてしまいましたが、私にとって芝居とはあたらしい世界を知ることができる勉強の場、だったのです。

ニックネーム

今いくよ・くるよといえば、誰彼かまわずあだ名をつけることで有名でしょうか。命名のやり方はふたつあります。

芸能人のお名前を拝借するのがイチのパターン。

かっこいい男の子には「オダユウジ」「ソリマチタカシ」「キムタク」。このあたりから選びます。男前の総称みたいなものですね。「ジョニー・デップ」もいるし、チュートリアル徳井君につけた「ディカプリオ」は、五人か六人に名付けたんじゃなかったかな。相手がオトナの男性だと、顔がまぁまぁ整っていたら「アラン・ドロン」で、静かそうな人なら「タカクラケン」。美人さん系は「ゴダイナツコ」。

そして、オリジナルのネーミングをつけるのが二のパターンです。チュートリアル徳井君はディカプリオでしたけど、チュートリアル福田君はといえば、ずばり「テカリ」。だいたいが見たまんま、風貌《ふうぼう》をストレートに表現することが多いです。

ミサイルマン西代君の「お肉ちゃん」はヒットちゃいます？　とちょっと自画自讃。あと、さんまちゃんは「好色一代男」ね。さんまちゃん、若かりし頃もやっぱりええ顔をした男前でしたから。

つい最近まで飼っていた金魚にも名前をつけました。どこのお祭りだったかな、金魚すくいの屋台で二匹の金魚を持ち帰ったのです。

最初、二匹だった時代は「キンキキッズ」。ペットショップから新メンバーをスカウトしてきて「少年隊」に改名。メンバーをどんどん加入させていった〝水槽のなかのアイドルグループ〟は、最後は五人組になりました。もちろんグループ名は「スマップ」です。

私たちは、友だちやファンの方など素人さんにもあだ名をつけて、喜んでもらっていました。いくよさんがお世話になった病院でも、先生たちが何人かで回診に来られたら

「エグザイルが来はった！」。ピンの先生だったら「いやん、ソリマチやんかいさ」とふたりではしゃいでみたり……ホンマ、楽しかったなァ。

ニックネームはひとを楽しませることができるし、例えそこが病院でも、笑いが生まれて場が和む。そんなすごいチカラを持っているから、おもしろいのです。

輝いていた銀幕スター

新東宝なら宇津井健《うついけん》さん。かっこええやんかいさ『スーパージャイアンツ』。大映といったらやっぱり市川雷蔵《いちかわらいぞう》さんです。あぁん色男やわァ。東映は、中村錦之助《なかむらきんのすけ》さんに大川橋蔵《おおかわはしぞう》さん、大御所どころでは市川右太衛門《いちかわうたえもん》さんや片岡《かたおか》千恵蔵《ちえぞう》さん、とスターの宝庫。

小学生だったスエ子の胸をときめかせていたものは、銀幕にかがやく映画スターでした。

家の近所に、新東宝系／大映系／東映系と三つの映画館があったのです。今の若い子が当時の映画鑑賞料金を知ったら、きっと、びっくりするんじゃないかな？　確か、小人五十円だったと思います。私は背が高かったから、「アンタ、小学生ちゃうやろ」と、いつも疑われていましたけれど。

ひとり映画館通いは週二回。当時は三本立て上映が基本、しかも入れ替え制がない時代です。

朝一番の上映回に入ってしまえば、夕方までに三本立て×二回観ることができるのですから、たったの五十円でなんとシアワセな娯楽でしょう。ミーハーですけれど、太秦にある東映撮影所で〝スターの出待ち〟も、よくしたものです。自宅から撮影所までは自転車で三十分。うきうきしながら自転車をこいだなァ。

大好きだった母

舞台で漫才する私を、母がお客さんとして観に来てくれたのはたったの一度だけ。売れる気配のない娘を心配したのでしょう。京都花月に内緒で来たみたいですが、真ん中やや後方の席にちょこんと座っている母に気づいたときは、舞台上で涙が出そうになりました。

口には出さないけど、心の中では漫才を続けることを反対していた母。

そんな母が、やっと認めてくれたのかな、と思えた出来事があります。

七十年代に深夜バラエティ『23時ショー』という生放送番組があり、私たちは「新人漫才選手権」というコーナーに出演できることになったのです。審査員はたしか花菱《はなびし》アチャコ先生。二〜三分あった持ち時間を必死に駆け抜けました。

勝ち抜き方式の漫才バトルで、私たちはたまたま一勝することができました。ですが、仕事内容を言う娘でもなかったし、聞いてくる母でもない。しかし母は、テレビを観てくれていたようです。

放送の翌日、実家の表札に何やら違和感があります。あれ、これなんだ？「酒井」の表札の横に、紙がぺたっと貼られているのです。その紙を見てみると、手書きの文字で「今くるよの家」と書いてある……。近所のひとにも「うちの娘、漫才師。応援したってや」と、きっとうるさく宣伝したに違いありません。

八十年代はじめの漫才ブームのときは家族対抗歌合戦など、母もいろんな番組に出てくれました。素朴なひとだからタイヘンだったと思います。インタビューのマイクを向けられても、母はいつも俯《うつむ》いていた。母に負担をかけてしまったのかもしれない。けれど、一緒に呉服屋さんへ行って着付けをしてもらったり、今振り返ってみると母娘がピタッとくっついて行動できたその期間が、親孝行できたときだったのかなと思います。悔やまれるのは、生前に母を旅行に連れて行けなかったこと。贅沢を知らない人だったから……。

そういえば母が、最初にして最後、一度だけ甘えてくれたことがあります。お通夜に参列するために大阪へ出て来た母が、私がひとりで暮らすマンションに泊まりたいと言ってきたのです。お風呂で背中こそ流してあげたけど、母がやりたかったのは、ただ娘の部屋で寝ること。それだけで満足する母だったのです。

つくづく不器用さんで、とってもかわいらしかった。
そんな母が大好きでした。

段取りガール

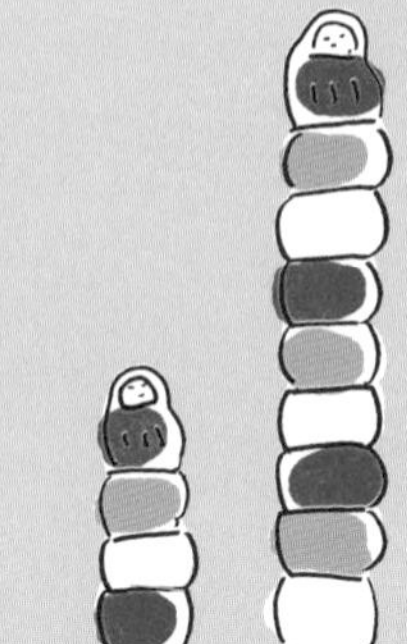

そろそろ卒業しなくちゃいけないな、と思っていることがあります。
虫除けスプレーというものは、普通は、ご家庭に一本常備してあればいいでしょう。ところが私は、それでは安心できないのです。玄関、リビング、寝室…部屋のあちこちにスプレーを設置して、外出するときには玄関まわりにシュー――ッ、寝る前には寝室の窓にシュー――ッ。虫が多く出る家に住んでいるわけではありませんよ。虫と遭遇しないための、あくまで予防策。備えあれば憂いなしとは言うけれど、ちょっとやりすぎちゃうかァ、と自分で自分をつっこんでしまいます。そんな、虫除けスプレーからの卒業を考える今日この頃、ふと気づいたのです。
どうやら私は「準備」が好きみたいなのです。
準備魔だし、確認魔。明日も仕事ださぁ寝よう、と思っているのに「カバンの中にアレちゃんと入れたかな…」と起きて、カバンを調べて「あぁ大丈夫」。そしてまた、「いや、アレはどうやったかな…」の繰り返しで神経が休まりません。この、準備にイノチガケという性格は、ソフトボール部のマネージャーをしていたからだと思います。その頃の癖が今になっても抜けず、虫一匹出ていない部屋で虫除けスプレーをまき散らすほどの〝段取りガール〟になってしまったようで……。

じゃあ神経質な性格かといえば、そうじゃない。あとは、呆れるほど大雑把です。ビューティ関連はとくに大雑把。ツルツルスベスベのお肌になるために、顔をマッサージしたり、お金をかけて高い化粧品を買ったり、みーんな努力してはります。私といったらニベアさえあればいい。ニベアとはもう長いおつきあいです。

ですから、メイクなんてものも無関心。こんなお仕事をしているので、ありがたいことにお化粧はプロのメイクさんにしてもらえるのですが、私のオーダーは、「もう簡単に〝ぴゅぴゅぴゅ〟でいいですから」。なんなら〝ぴゅ〟でも、いいんです。

段取りガールだけれど、手間をかけてキレイになろうとか、メイクでどうこうしようとか、そういった「女子の準備」はニガテみたいです。

私の夢

お正月をハワイで過ごす芸能人、というものにずっと憧れていました。

思えば、海外ロケにはたくさん行ったけれど、もちろん旅の目的は仕事、プライベート的な時間を過ごしたことはありませんでした。海外でゆっくりしたい。そんなゼイタクの極みが「お正月のハワイ」なんじゃないかと、空港で芸能レポーターに囲まれるスターたちをテレビで見るたびに思っていたのです。

漫才ブームの後も忙しい日々は続き、お正月に休みが取れたのは今から二十年ほど前。いくよちゃんと一緒に、吉本が手配してくれたハワイのホテルに泊まりました。

お正月のハワイで一番、何がしたい？　と考えたときに私の場合はたったひとつ、「ただただサンシャインが見たい」、それだけでした。だけど残念、宿泊したホテルは朝日が見えない場所だった！　お正月のハワイでホテルを取るのはタイヘンだから、仕方ないですよね。サンシャインを見たい、という考えしかなかったので、あとは時の過ぎゆくままに。海に行っても、足の届く範囲をさら～っと泳いだだけ。海で泳いだというよりも、水に浸かったと言ったほうがいいでしょうか。まぁ海にも行っとこか、ぐらいのノリでした。それでも私的には大満足。昔からの夢が叶えられたのだから。

今は、ゆっくり気楽な日本旅という気分。漫才ブームの後、日本全国を営業で巡らせていただきました。そのとき出合った味のある地方の街と店を、プライベートで再訪したい。それが今の夢なのです。

ナンバーワンは水

私の高校時代、全国区でも強豪チームとして知られた明徳高校ソフトボール部の一日は、こんな感じです。

放課後に集合したら、選手みんなの道具をリヤカーに乗せて、まずは近所の松原中学校（私の母校）のグラウンドへ行きます。ここで、十七時から練習をはじめて、暗くなってくるとまた、リヤカーを押してわらわらと移動。第二の練習場所は、当時の日本たばこ産業が所有するグラウンドです。

この、ふたつのグラウンドをハシゴする移動距離が結構あって、体力的にキツかった。しかも、その移動途中に唯一の水場があったので、一年生が十個のバケツに水を汲み、えっちらと次のグラウンドまで運ばなければならないという「試練」が、毎日待ち受けていたのです。このバケツの水、ほんとうはグラウンドの砂を落ち着かせるための撒き水なのですが、泥んこになって練習していたので、みんな顔がどろどろ。なので水を撒く前に、バケツの水を減らさないよう気を遣いながら、みんなで顔を洗っていました。まずは三年生が顔の泥を落とします。次は二年生がちょっと汚れた水を使い、そして私たち一年生に順番が回ってきたときには、もう水は真っ茶色。皮脂もたくさん浮いています。でも、喉がカラカラだった私は、顔を洗うふりをして、こっそり水をゴクッ……。

この世でいちばん好きな飲み物は「水」です。

お酒が大好きで昔はよく飲んでいたけれど、それでもナンバーワンは水。水が飲みたくても飲めなかったソフトボール時代の〝渇き〟を、きっと今でも身体が求めているのだと思います。

ファンレター

「今いくよ・くるよは大衆に愛されるパターンのコンビや」
　そう、どなたかが言ってくださいましたが、ファンでいてくださる方は、赤ちゃんからおじいちゃんおばあちゃんまで。劇場の出待ちでも騒がれないゾーンといいますか。私たちがもっときれいだったら、キャーもワァもあったかもしれませんけど、まるで「お向かいに住んでいるくるよちゃん」といった感覚で喋りかけてくれるし、私たちもカッコつけることを嫌ってましたから、ざっくばらんにね。
　親しみやすいからか、ファンレターもひと味違います。
「わし、漫才番組ようけ観てるし、いくよ・くるよさんもこんな漫才したらええんと違うか」というアドバイス目線の自作漫才台本が、素人さんから送られてくるのです。漫才の形式を度外視したネタでしたけど、ありがたいことです。でも、お返事に「いつか使わせていただきます」なんて曖昧なことを書いてはいけません。「いつやんねん?」と楽しみにされますから、「お心遣いありがとうございます。頑張りますので、これからもよろしくお願いします」がベストですね。

そんな素人の大先生は、ひとりやふたりではありません。私が倒れてしまったときも、非公表だった入院先を探し当ててくれたのか、病院にファンレターがきました。「絶対負けたらあかんで!」と、勇気づける言葉が書かれた手紙を読み進めると、「で、こんなネタ書いてみてんけど、どうやろか?」と提案までくれました。感動したその手紙は、今も大切に持っています。

情に厚い大阪人はお節介を焼いてくれる。送ってくださる台本には「あなたの力になりたい」という気持ちが綴られていて、そのあったかなハートが嬉しかったです。

スクープ写真!?

スクープ写真が週刊誌に載る。これって芸人の勲章ですが、私にもそんな経験があります。

事件の現場は、舞台から生中継するお正月番組。お正月なので衣装も気合いが入ってます。七枚の生地が重なったかわいらしい衣装で漫才に挑みました。

「はじめて着る衣装ですよ～。いったい何枚、重なっているか数えましょか～」

お客さん、ワァと拍手です。

「それではいきますよ～。いちまぁ～い、にまぁ～い」

さぁ、三枚目をめくったところで、「ぎゃーーー!」と大歓声。ほら、ウケたがなと漫才を終えて舞台袖に下がったら、なにやら芸人たちが騒いでいるんです。みんな様子がお

かしい……。すると後輩芸人が走ってきて、

「姉さん！　見ましたで！」

そうか、漫才見てくれたんか。わざわざありがとうやで。

「違いまんがなぁ。お乳ぽろ～～ん！」

生地をめくっているときになんと！　ノーブラだったからトップがぽろっと見えたらしいのです。しかも、生放送です。お茶の間も見てしまったわけで、視聴者さんから吉本興業に電話がかかってきたといいます。電話の内容はといえば……。

「くるよちゃん、しっかり見えましたで。テレビの写真撮ったから週刊誌に渡してもいいですか？」

さぁどうする吉本。会社は、どうやって芸人をフォローする？

「そうでっかぁ。しかし、誰がくるよのソレ見て喜びまんねん。嬉しいでっか？」

やっぱり吉本ですね。結局、その写真は写真週刊誌『FOCUS』にちっさいサイズで掲載されただけに終わりました。

すべてを笑いにして

お腹を叩くというギャグが生まれ、笑い声を聞き、ちっちゃな子どもたちが日常で物真似をしてくれたとき、「あぁ、罪のない笑いができたんだな」と嬉しくなりました。やっと誕生した今いくよ・くるよの代名詞となるこのギャグひとつ持って東京に進出し、漫才ブーム真っ最中のある舞台で、今度はいくよさんが持ちネタを手に入れます。

そこは劇場だったと思うので、確か八分ほどの漫才です。私たちは体育会系の漫才師なので、持ち時間の八分を必死にやりきろうとする。いくよさんも汗だらだらと流れます。すると笑いの神様が降りてきたのか、汗で接着していた糊が弛んでしまい、いくよさんの付けまつ毛がズレてしまったのです。

漫才中に視界を狭める付けまつ毛。

「あぁ！　もう邪魔くさい！」

そう言って、漫才師が舞台上で付けまつ毛をもぎ取るのだから、お客さん大爆笑。そんな〝偶然発生の笑い〟に、ふたりは決意します。

「頭の先から足の先まで、全部ギャグにしようさ！」

女としても、吹っ切れたのだと思います。全身ギャグマシーンになってやろうじゃないかと心に決めてから、自分たちの身体的特徴を次々と笑いに変えました。

いくよさんは、付けまつ毛をバサバサするから「風邪引くから止めて！」、くっきりと現れる首筋に「御堂筋、なにわ筋、堺筋……」。私は、まず髪型が「おにぎりの海苔」で、お腹まわりのサイズが「ワンカップ！」とポンとひと叩き。「もぉそんなとこ（衣装の袖口）から、足出して～」や、「私（いくよ）がピッチャーでエース、くるよちゃんがキャッチャーでロース」

とことん誇張して、全身を使い切りました。

お腹回りが大きい。腕が太い。化粧が濃い。女の子ならば、そういったマイナスポイントは隠したいと思います。

なぜ、今いくよ・くるよは、身体で笑いを取るのか。

理屈じゃないのです。

私たちがやっているのは、「笑いの追求」だから。そして何よりの幸せは、「お客さんが笑ってくれること」だから。


やっぱり、すべての動機はお客さんの笑顔なのです。

くるよさんぽ

大阪にある吉本興業の劇場にして
笑いの殿堂「なんばグランド花月」。
約50年の間、舞台に立ち続けている
くるよちゃんと劇場周辺のなじみの店や
ストリートを巡りました。

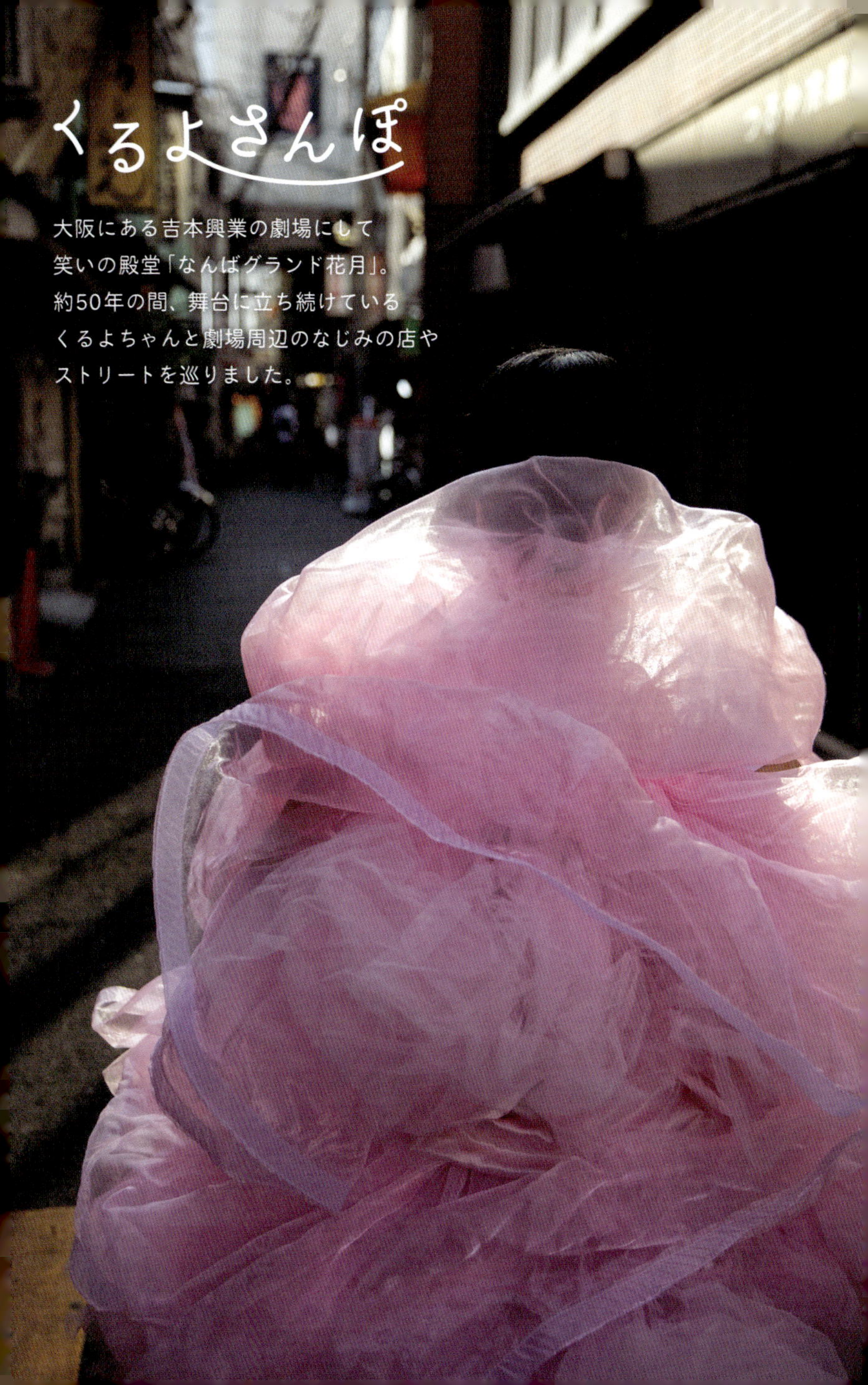

なんば
千日前

くるよさんぽ

ホルモン
290円
なんば 千日前通
すし鉄

くるよちゃんの イキツケ

若かりし頃、吉本の偉いさんから「芸人たる者、地域のお店さんと親しくせなアカンぞ！」と教えられました。愛し、愛され、かけがえのない場所に……くるよちゃんの心休まる、なんばグランド花月そばのお店は、この三店。

喫茶ロア (P.90)

哀愁イッパイ。こんな味のある喫茶、今少ないでしょう？　なんばグランド花月の出番が終わったら、こちらでちょこっと休憩。ほっこりチャージできたら、二度目の出番に向かう……というのが、昔からの大好きな過ごしかた。若手時代の思い出がつまった老舗喫茶店がまだ営業してくれてはるのがうれしいし、あいかわらず日替わり定食がオイシイ！

大阪市中央区難波千日前13-5
☎ 06-6643-4080
9:00 ～ 19:00 / 不定休

炭焼き すみれ (P.92)

味ひとつ、腕ひとつ。「千日前の高倉健」こと無口な大将が、焼鳥焼きながら「どやさ！」といつか言ってくれないかなァ、というのが私の夢(笑)。 ※中川家との対談でも話題に（→P121）。

大阪市中央区難波千日前11-4
☎ 06-4397-2237
17:00 ～ 23:00 / 日曜定休

一半 (P.92)

大阪市中央区難波千日前3-17
☎ 06-6641-2437
16:30 ～ 22:00 / 月曜定休

デビューしたての頃、なんとあの林正之助さん（吉本興業元会長）が連れて行ってくださった思い出のお鮨屋さん。語らずとも伝わる「いつか自力で来れるよう、頑張れよ」というメッセージ。じわ～っときたわァ。ジュエリーボックスみたいにキラキラ輝くケースのネタは、どれも世界一！ 穴子はアテで、最後はしそ巻きでシメるのがくるよちゃん流。

まーはんのこと

まーはんは、自分に厳しい人でした。
彼女から甘えの言葉を、聞いたことがありません。
まーはんは、他人に優しい人でした。
転んだ子がいれば、声を掛けるだけではなく、
抱きかかえて起こしてあげようとまでする人です。
そんな彼女の性格は、高校時代からブレません。
今いくよとして、私の隣にずっといてくれた子。
そして、長年の親友でいてくれた、里谷正子ちゃん——。
私は芸人になってからも、
彼女のことを、高校時代のニックネームで呼んでいました。

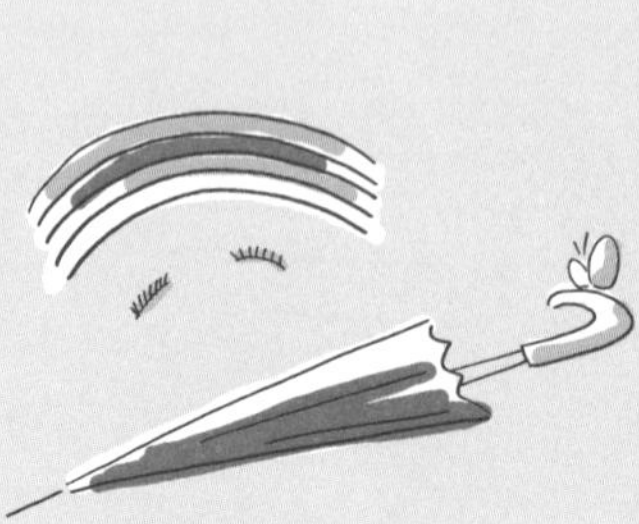

友だちになった日

中学生の頃から女子ソフトボール界に注目され、明徳高校から「是が非でも」とスカウト入学を果たした、まーはん。対して私は、「なぜか、たまたま」ソフトボール部に潜り込めてしまっただけの人間。

有力選手と落ちこぼれ選手が、なぜ親友になったのか。一年生のときに起こったある事件が、きっかけでした。

明徳のグラウンドは小さく、私たちソフトボール部はヨソのグラウンドを借りて練習していました。チームメイト全員の道具を乗せたリヤカーを引いて、明徳から移動する／明徳に帰る、という係は二人一組の当番制。ある日、その当番になったのが私とまーはんでした。超体育会系の厳しいチームだったので、練習が終わってみんなが帰ってからも、ボールひとつ積み忘れてはいないか、と私たちは懐中電灯を片手にグラウンドをくまなくチェックしました。

ところが、ひとりの先輩がグローブがなくなったと騒いだのです。すぐにまーはんとグラウンドへ走るも、どこを探してもグローブはありません。それでも自分たちの責任を感じ、ふたりで先輩に謝罪を入れました。監督にも頭を下げると、「酒井、お前は辞めていいぞ」と言われてしまい……。

グローブ紛失騒動の真相を知るのは、翌日。私がトイレに入っていると、手洗い場に例の先輩が現れます。そして、「グローブ、あたしトイレに忘れとってん!」と、笑い話にしていたのです。その後、私たちに謝ってはくれたけど、「悪かったなぁ!」のひと言だけ。理不尽で悲しかったです。

けれど、わざわいが幸福の種になる、というのはまさにこのこと。

この事件のおかげでまーはんと喋るようになり、かけがえのない友だちを私は得ることができたのですから。

いつだって前しか

いつだって前しか見ていないまーはん。彼女の前向きな性格に救われたことは多かったです。

嬉しかった言葉があります。

まーはんと同じようにスカウトされた選手ばかりが集まるソフトボール部。ハードな練習に必死で食らいついた私ですが、やっぱり、ひとりだけ劣っていたようです。二年生の秋に、鬼の監督からの呼び出しがありました。

「おい、酒井。お前な、この秋からマネージャーになれ」

ソフトボール部を辞める、という選択肢もあったけれど、私はマネージャー降格を受け入れます。だけど、これはいわゆる「挫折」。悔しくて肩を落としていたそんな私に、練習後で顔を泥だらけにしたまーはんは、こんな言葉を口にしたのです。

「日本一のマネージャーになったら、ええだけのことやん?」

同い年なのになんて大人な発言をするのだろう、と尊敬しました。その言葉を聞いて、私の意識は変わりました。選手たちの身体のコンディションまでくまなくチェックして、優秀な裏方になることを決意しました。私のマネージャー就任と時を同じくして、まーはんは監督からチームキャプテンを任命されます。

日本一のキャプテン、そして日本一のマネージャーを目指した私たち。優勝こそ逃したけれど、国体とインターハイでは見事、準優勝！

ふたりは高校時代から、やっぱり、最高の「相方」だったのです。

ナイスプレーで

「ナイスプレーしよな」

「うん、ナイスプレーでいこう」

舞台という名の試合会場に向かうその直前。緊張しぃの私たちは、ふたり寄り添う舞台の袖で、いつもこんなことを言い合っていました。出会いがソフトボール部だったから、どうしても「ナイスプレー」と口にしてしまうみたいです。

今いくよ・くるよといえば、仲良しコンビとして知られていたと思います。高校からの友人だからといって、ケンカひとつなかった、というわけではありません。まーはんとは散々、言い争いました。

ケンカの種は、やはり、漫才中のお互いのプレーについてです。まだまだ駆け出しのとき。今ひとつお客さんの笑いが薄かったと感じたら、マナー違反なんですけれど、どうしても矛先を相方に向けてしまいます。

「ボケの声、ちょっと小さかったんとちゃうか」

「ツッコミ遅いわ。もっと早く言ったほうがいいんちゃうの」

少し険悪になったふたりは二回目の出番時間まで、喫茶店に行ったり楽屋でひとり考えごとに耽ったりと、離れて時を過ごします。時間が来るとまた舞台袖で、

「ナイスプレー目指そうな」と誓い合います。

一回目の出番はウケなかったけど、二回目はウケた。その瞬間、さっきまで火花が散っていたケンカは「即解消」。お客さんの笑い声さえ聞くことができたのなら、ケンカしていたことなんてスコンと忘れる。そして、前に進むのみ。

この、私たちのサッパリとした性格は、スポーツをしていたからだと思います。今いくよ・くるよは、つくづく体育会系芸人でした。

やっぱり強い女の子

強豪チームのキャプテンを務め、高校を卒業してからは実業団でプレーもした。もし、六十年代や七十年代にソフトボールがオリンピックの正式種目になっていたら、まーはんは間違いなくオリンピック選手に選ばれていたはずだ、と私は思っています。

そんな彼女の選手人生最大のスーパープレーを、私は知っています。場所は、なんばグランド花月の舞台上。彼女がキャッチしたものとは、突然、お客さんの目の前で意識を失って倒れてしまった「私」です。

実は、私が倒れたのは、これが二度目でした。

漫才師たちが次々と倒れていた漫才ブームの渦中でも、今いくよ・くるよだけはケロリとしていました。あの頃、やっぱり無理をして走っていたのかな。ゆっくり歩いていい日もつくれば良かったな……そんなことを病室のベッドで考えたのは、漫才ブームから十五年ほど経ったときのことです。

一九九七年、私が一度目の入院を経験します。急性心筋梗塞でした。大事には至らなかったのですが、きっと今が羽を休める期間なんだと、そのときは一カ月間の入院をさせていただきました。

心も身体も万事快調だと、また仕事に精を出していた二〇〇九年。先ほどお話した「舞台上で卒倒してしまう」事件が起こります。知らずのうちに、心筋梗塞が悪化していたようなのです。

「ようこそ、おいでくださいましたぁ！」

舞台袖から登場すると、まずは舞台の最前に立って、お客さんへ感謝の気持ちをお伝えする。その挨拶が終わってから、センターマイクのポジションにつき、ようやく漫才をはじめる。デビューしたときから、私たちはこの一連の流れをたいせつにしてきました。

この日、なんばグランド花月の舞台でも、いつも通りの「笑顔のくるよちゃん」で登場し、しっかりとご挨拶ができました。ところが、マイクの前に立った瞬間、私は気を失います。そして、直立の姿勢のまま、スーッと後に倒れていったみたいです。

舞台の床は頑丈な木を使っています。床に頭を強く打ち付けてしまったら、最悪の場合は……考えるだけでも恐ろしいことです。しかし、私の横には、「彼女に取れないボールはない」と言われた名選手が立っていました。

頭が床に接触しようかという、その寸前。パッと差し出された手が、私の頭を掴んだのです。

おそらく、私が倒れそうになった瞬間から、まーはんには分かっていたのだと思います。「ただ、つまずいたんじゃない。これは非常事態なのだ」と。案の定、失神している私の顔を見て、

「緞帳《どんちょう》下ろして！　はよぉ、緞帳を下ろして！」

と、まーはんは叫んでくれたそうです。

相方の異常を、わずか数秒で察知してくれた。彼女は命の恩人だと、心からそう思います。

吹田にあるかかりつけの病院へ緊急搬送された私は、主治医からバイパス手術をすすめられますが、「身体にメスを入れるなんて、痛そう……」と、躊躇してしまいます。そ

んな弱虫の私に、まーはんは
「何言うてんの、アンタ！　こんなチャンスはないんやで？　やってもらいいさ。ありがたいことやと思わへんか？　海外から患者さんも来る、ニッポンイチの病院やで！」

そう言って、怖い怖いと泣く私の背中を、ドンッと押してくれたのです。

手術を受けた吹田の病院で一カ月過ごし、食事管理もしてくれる別の病院でさらに一カ月入院。都合、二カ月と少しの休養期間をとりました。しっかり休めよ、と休養することを応援してくれた吉本にも感謝です。

余談になりますが、実は私の入院中、「今くるよの影武者」がいました。

私が舞台の上で倒れた日の四日後、東京で楽しみにしていた仕事があったのです。共演者のおひとりに、人間国宝にもなられた柳家小三治《やなぎやこさんじ》さんがいらっしゃってどうしてもお会いしたかった。この仕事を終わらせてから手術したらダメですか？　と駄々までこねて、先生を呆れさせちゃいましたが。

結局は、まーはんひとりで東京入り。「くるよがご心配かけて申し訳ございません」とお客さんへ詫びを入れてくれたのですが、その横には、しっかりとしたガタイに派手な衣装をまとった偽くるよ……。この子の正体は、同行していたマネージャーの通称・オグリシュン。この日のために私が新調していた衣装を着て、舞台に上がってくれたのです。

「くるよちゃん、えらいウケたで〜」

大阪に戻ってすぐ、病室を訪れたふたりはニコニコ顔。その顔を見て、私は安心して手術を受けることができました。


さて、話を戻して、休養期間中のことです。

二カ月間の入院中も毎日、お見舞いに来てくれたまーはんでしたが、そんな優しい彼女に感動したのは退院初日。まーはんに連れられて自宅に戻ると、お風呂から何まで、部屋のすべてがピカピカしている。まーはんが掃除をしてくれていたのです。しかも、料理まで作ってくれたのです。

ところが、彼女の優しさは、一日だけでは済みませんでした。

「これ、食べよし。ほな、帰るわ」

まーはんが私のマンションに来て、料理を作るだけ作って、すぐ帰る。そんな、通い妻のような世話焼きをしてくれる日々が、なんと二週間も続きました。はじめて食べたまーはんの手料理は、お野菜の炊き合わせや肉じゃがなど。愛情が込められた、まさに

「お母さんの料理」でした。

思い返せば私たちは、甘え合うことをしてこなかった。けれど、この休養期間、まーはんは私が甘えることを許してくれた。甘えていい、という環境を作ってくれた。

だから私は、まーはんに「生まれてはじめてのお願い」をしてみたのです。意を決して言ったお願いごと……それは、背中を洗ってもらうことでした。まるで少女返りしたみたいでしょうか？　それほど、まーはんに甘えきっていました。

この恩を返したい。いつか、まーはんが私に甘えてくれたらいいな。そう思いました。この「いつか」が、こんなに早くきてしまうなんて、そのときの私は想像もしていませんでした。そして彼女は、人に甘えるより自分と戦うことを先決する、やっぱり強い女の子だったのです。

最後の舞台

毎日そして何十年と、一本のマイクの前で身体を密着させている漫才師は、マイクだけじゃなく体温や息づかいまで、隣の子とシェアしています。
だからこそ、なぜまーはんの不調に私は気づけなかったのか。反省をしてもしても足りません。彼女のことだから、弱みを見せるのが嫌だと、シンドさをぐっとこらえていたのかもしれない、というのは今となっては分からないことだけれど……。

彼女が不調を訴えたのは二〇十四年九月、祇園花月で出番を終えた直後でした。えっ、ホンマに？　と驚きました。だって、その日の漫才はパーフェクトな出来だったのですから。

かかりつけのお医者さんに見てもらうと、「おへその下あたりに、しこりがある」と言うではないですか。だけどまーはんはそれを認めません。「センセイ、それ筋肉です」と言い張ったのです。

「オリンピック選手でもこんな筋肉の育ち方はしない。急いでこの病院に行きなさい！」

翌日、紹介状を手にした私とまーはんは、精密検査をしてくれる大きな病院へと向かいました。

検査の結果、まーはんを苦しめていたのは「胃がん」であることを知らされた私は、一週間もの間、病名を伝えられずにいました。

並の人ならば不安に押しつぶされ、病室のベッドでただひたすらに暗い顔を浮かべる日々を過ごすことだと思います。ところがまーはんはすくりと立ち上がり、毎日毎日、病院のまわりをウォーキングしたのです。一周にかかる時間は十分ほど。そんなもんじゃあ足りないと、なんと三周も！

努力は必ず報われる。まーはんはそう信じて疑いませんでした。

高校一年生のとき、私とまーはんは約束事をしました。レギュラー入りを目指すためにも、部活練習が終わった後には各自、家の前で必ず素振りを百回しような、というものです。情けないことに私は三日で辞めてしまったのですが、コーチや先輩の目が届かない自宅前で、彼女は毎日バットを振り続けた。すると、今まで打てなかったボールが打てるようになりました。

入院中にウォーキングをしていたのも、「根性は、不可能に勝つ」という実体験があったからだと思います。

病に侵された身体にムチを打っているわけですから、まーはんが貧血で倒れてしまったこともあります。それでも日課のウォーキングは辞めようとしませんでした。

彼女の「生きたい、回復したい」という想いの強さを目の当たりにして、私は心が震えました。

どきっとしたのは、まーはんが言ったこんな言葉です。

「人間には寿命というものがあるやんかいさ！　私にはまだ、寿命が残ってるやんか！」

寿命にすがるなんて、そんな言葉を口にしなくちゃいけないなんて、どれほどツラかっただろう……と胸が痛むと同時に、寿命というものに希望を託して戦っているその姿は、私の目にキラキラとまぶしく映ったのです。

入院中の身でありながら、まーはんはいつも私に笑顔を向けてくれました。

暗い顔をすると、私の心配が増してしまうだろうと、こんなときでさえ他人への気遣いを忘れないのです。病院の売店に行けば、自分に必要なものだけを買えばいいのに、「くるよちゃん、アンタ使うやろ?」と言って、小さなポーチと帽子をプレゼントしてくれました。

まーはんは抗がん剤治療を続けながら、仕事も意欲的にさせていただく、という〝生涯芸人〟らしい道を選びました。

九月の入院から三カ月だけ休養をいただき、舞台復帰したのは十二月三日、京都の祇園花月。やっぱり、生まれ育った京都で、復帰のご挨拶をしたかったみたいです。しかも、まーはんの誕生日だったんですよ。ダブルでおめでたい!

舞台後に行われた取材では、

「入院中ツラかったことは、素顔を見せること」

「がんというのは長い付き合いになる。彼氏とのお付き合いは短かったんですけどね」

なんて言って、駆けつけてくださったメディアのみなさんを華麗に笑わせていました。

けれど、快方に向かったわけではなかったのです。

あるテレビ取材を受けているときです。用意してもらったペットボトルのフタを、二回、三回とまわそうとしても開きません。誰かが「姉さん、フタが開けられへんのですか……」と、心配します。するとまーはんは二カッと笑い、ちがうんや、と手がスべったフリをしましたが、確実に、病はまーはんの体力を奪っていました。

入退院を繰り返した八カ月間。それでも、祇園花月やなんばグランド花月、東京の浅草花月の舞台にも立てた。不思議なことに、馴染みのある劇場をすべてまわることができたのです。お礼参りだったのかもしれません。

最後の漫才となったのは二〇十五年の五月十一日。なんばグランド花月の舞台でした。まーはんとは知り合って半世紀の仲である私は、この日、彼女の口からはじめて弱々しい言葉を聞いたのです。

勘違いのないように先に断りを入れさせていただくと、人にとってそれは「弱音」とは決して表現しない、ほんの些細な「お願い」でした。

なんばグランド花月の舞台を下りた後、女性マネージャーを加えた三人で楽屋に戻ろうとしているときでした。舞台があるのが二階、楽屋は三階。いつもは階段を利用していたのですが、まーはんがひと言、

「エレベーター使ってええかな？」

マネージャーはびっくりした顔をしました。エレベーターなんて若手でも使っているし、みなさんも使っていますよ、とマネージャーが伝えると、「じゃあ」と彼女は答えました。

「エレベーターに乗りたい」だなんて、なんてことない言葉じゃないか。だけど、彼女にしてみれば、口が裂けても言いたくなかった言葉だったと思います。そして、よっぽどしんどかったのだと思います。漫才もいつも通り完璧にこなし、でも実のところ体力は限界に達していて。生涯見せたくなかった姿を、見せるしかしょうがなかった。そんな彼女のツラい心境が分かるから、いま思い出しても胸がドンッと突かれるセリフなのです。

弱い姿を、人に絶対見せない。

プライドゆえに？　いいえ。それは「楽な道を選ばない」という彼女の人生のスタイルでした。まーはんは、ホンマにホンマに、かっこいい女の子なんです。

まーはんと最後の〝かけあい〟をしたのは、亡くなる三日前です。

検診に来た看護師さんが点呼を取ると、「はい、里谷正子。二八歳！」と冗談を飛ばすものだから、私はすかさず「ナイスギャグ！」と返しました。

そうやって笑いを残して、翌日から意識が薄れてゆきました。必死で足をこすっても、リアクションはありませんでした。そして次の日、ついにお別れの日が来てしまいます。

二〇十五年五月二十八日。心電図のモニターに映し出される数値がゼロになりました。先生も下を向かれ、少し間があって、ハッとした私は力いっぱい呼びかけました。

「まーはん！」「大丈夫か！」「がんばりや！」「どうした！」

するとなんと、首の筋がピクッと動いたのです！　これ、嘘のような本当の話なんです！

きっと「みなさん、ありがとう。お世話になりました」という感謝の気持ちを、私たちに遺したかったのだと思います。愛のサインだったのでしょう。

最期の最期まで、ホンマ気ぃ遣いの人でした。

女前な愛用品

中学校、高校と、顔を泥だらけにしてソフトボールに打ち込んだ、あれは反動だったのでしょうか。いいや、私と違って、もともとの女の子成分が多かったのかな。高校を卒業してOLになったまーはんは、いつもキレイにお化粧をしていました。

芸人の仕事をはじめてからは、「人様の前に出るときの礼儀」だと服も高価なものを身につけていたけれど、イヤリングにネックレス、そしてお化粧品代……顔まわりだけでも相当な金額を使っていたと思います。

まーはんの部屋を見ると、びっくりしますよ。几帳面な性格だったから「口紅コーナー」「アイシャドウコーナー」とジャンル別に整理されていたんですけれど、「付け睫毛コーナー」にはなんと、二百種類以上の付け睫毛を所有！　まるでメイクアップアーティストさんの仕事場みたいでした。

まーはん女前やわァ、とホレボレしたのは仕事でベトナムに行ったとき。

当時の日本では、ほとんど舞台メイク専門店でしか付け睫毛が置いてなかったから

（しかも、揃えているのはショー用の派手なもの）、ベトナムで大量に付け睫毛を売っている店を見つけるやいなや、「ヘイッ！」とスタッフさんに呼びかけ、「ここにあるもの全種類ください！」って。バックヤードにいた店主のおばちゃん驚いて、飛び出してきたっけな……。

お通夜の日、棺の中で目を閉じるまーはんの目元には、バサバサの付け睫毛。睫毛だけではなく、彼女のトレードマークである厚化粧をほどこしてもらいました。「芸人 今いくよ」として送り出したかったのです。

後日、なんばグランド花月で盛大に開いていただきましたお別れ会では、愛用していた付け睫毛を展示して、〝睫毛法要〟もしたんですよ。もちろん、あの部屋から二百を超える付け睫毛すべてを持ち出すなんて、到底ムリな話だけど……。

次のステージへ

まーはんが天国に旅立って悲しみに明け暮れながらも、みなさまから「頑張りよしや、元気出しな」のお言葉をいただいたから、なんとか今くるよはひとり立つことができました。

ところが、最愛の相方を失って二年と半年の月日が過ぎた頃です。仕事前、自宅で衣装の用意をしているときに、ふと、いままでにはなかった感情が芽生え、寂しくなったのです。

「もう私、漫才できへんのや……」

いまケースに詰めている衣装は、漫才用の衣装じゃないんだな。今日もまた、ひとりでお笑いをやるんだな。今後、したくても漫才ができない、という悲しさにおそわれました。

ピンでお仕事をさせていただくようになってからも、スタンドマイクの横に誰か別の相方を立たせることはしませんでした(中川家とやっている「今いくよ・くるよ」は別です。中川家は家族みたいなものだから)。私の相方は、今いくよしかいないですから。

仕事人間だった私から、漫才がなくなってしまった。ある日突然に現れた喪失感だったけれど、芸人・今くるよが次のステージへと歩き出したことを意味するものなのかもしれません。

いままでの人生、ダーーッと駆け足でやってきました。キャリアだけで生きてゆける世界ではありません。これからは毎日が勉強だと、ゆっくりとモノを見ながら、一歩一歩をたいせつにしていこうと思います。

これからの私に何が生まれるのか。今くるよがどうなっていくのか。私自身、それが楽しみでなりません。

くるよちゃん、お腹叩いてるだけやったらアカンで！　そないに甘ないで！　ピンになったんやから、勉強もして、自分に合うものを見つけぇや！

まーはんも天国から、こう言ってくれている気がします。

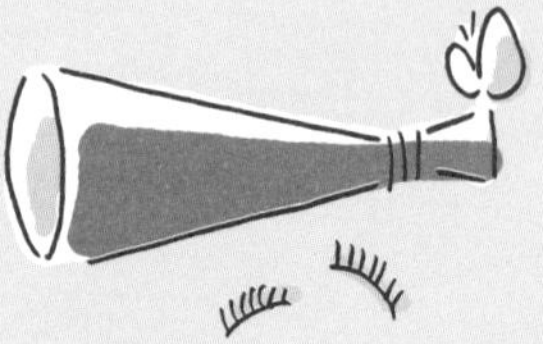

特別対談

IMA KURUYO

今くるよ × 中川家

NAKAGAWAKE

漫才トリオ「今いくよ・くるよ・くるよ」でもお馴染みの中川家とは、20年以上の付き合い。昔からの飲み友達だそうだけど、先輩後輩の垣根を越えた「むしろ家族みたいなもの！」とくるよちゃんが対談を熱望！ 中川家が芸人・今くるよのすごさ、そして、普段のくるよちゃんの素顔を語ってくれました。

いくよ・くるよ漫才のすごみ

礼二　三人でやってる「今いくよ・くるよ・くるよ」、その前にもモノマネ番組で今いくよさん・くるよさん（以下いくくるさん）のモノマネをさせてもらいましたけど、改めて思うのが、漫才のテンポがめちゃくちゃ早い！　これを1日何本もやってたんか？　と。

剛　一本するだけでも疲れるもんな。僕らの漫才はふたりでボソボソ喋る感じやけど、おふたりは客席に向かってガンガン喋りはる。終わったら僕らグッタリです。

くるよ　私ら体育系やから。とりあえず声出さなアカン、そうやないと笑ってもらわれへんと思ってた。

剛　モノマネしてしみじみと思いました。舞台で闘ってはったんやな、と。

くるよ　お兄ちゃんは後ろ姿までいくよちゃんにソックリで、憑依《ひょうい》してるみたいやもん。

剛　似すぎて自分でも気持ち悪いです。僕ら三人を見て、泣いてるお客さんもおったらしいですよ。それ聞いて、やってよかったなぁって思いました。

礼二　味海苔みたいな睫毛もつけてな。

剛　前見えません。

くるよ　その睫毛を三百六十五日つけてたいくよちゃんがすごいと思わへん？

礼二　くるよ師匠こそ、あの衣装を身につけて舞台を動き回るわ、あのスピード感で漫才するわ。今いくよ・くるよの漫才は肉体勝負やな、と思い知らされたんです。

剛　テンポもすごいし、言葉のチョイスがまたすごい。「私がキャッチャーでエース。くるよちゃんがピッチャーでロース」のセンス。伝わるのが早い言葉選びをされるというか、解説がいらないですもん。

礼二　そこで、くるよ師匠が「誰がロースやねん！」ってつっこまないのも、またおもしろいんです。

くるよ　なんでもないネタなんやけどな（笑）。ネタのボルテージを上げてくれたのは、中川家がモノマネしてくれたからちゃうかな？

礼二　いや、なにを言うてますのん（笑）。インパクトしかない。

剛　無駄がホンマないんですわ。あと僕が好きなんは、厚化粧をイジられたいくよ師匠が、くるよ師匠に向ける反撃のひと言。「アンタなんか丸書いてチョンやんか！」

礼二　そのひと言だけで伝わるもんなぁ。

くるよ　ブス特集もあったやん？「この太陽ブス！　じっと見てられへん」「一円玉ブス！　これ以上崩しようのないブス」。いろんなブスのシリーズがありましてん。

剛　いくよ師匠から「うるさい、このハンバーグの昼寝！」って言われるくだりもありましたね（笑）。

くるよ　うわァ、あったわ！　今思い出したけど、なんでそんなネタ出来たんやろ……。

礼二　「ハンバーグの昼寝」に関しては、みなさん、意味を分かろうとしなくて大丈夫です。

剛　考えるな、感じろ、です。

●中川家との出会い

礼二　くるよ師匠と僕らの出会いは、毎日放送の番組『満開！ハッスル家族』ですよね。正直、誰もハッスルしていなかった番組ですが（笑）。

くるよ　タイヘンな番組やったもん。今の桂文枝師匠（当時は三枝）と西川きよし師匠がメインをはった、ドラマ仕立ての番組。撮影もたいそうやったえ？

礼二　収録をやってたなんばグランド花月にお昼から入って、リハーサルと収録合わせて八時間！　という体力消耗戦が、毎週月曜日にやってくるんですよね。

剛　ヘトヘトでしたもん。

くるよ　きよし兄さんの奥さん役やったけど、いつもセリフ少なかったわァ。「お父さぁ～ん、今日どないしはる？」のひと言だけで、八時間やねん。そやけど中川家は大抜擢やったもんね。会社が金の卵やと育てようとしてたから。

剛　僕が二十七歳のときなので、まだ芸歴六年目ぐらいです。歳が近い先輩後輩と「心斎橋筋2丁目劇場」のちいさい世界でやってた僕らが、いきなり師匠方のところに放り込まれたわけですから……。

礼二　小動物がアマゾンに投げ入れられたみたいな。僕ら、よぉ演出の方に怒られてたんです。理不尽な理由で……。

剛　座ってるだけでペットボトルをボカーンと投げつけられたり。

くるよ　そうやねん。いや～ん、思い出したらホンマかわいそうやったわァ。

礼二　この現場ツラいなぁ、次の月曜日がくるの嫌やなぁ、と落ち込んでる僕らに声を掛けてくださったのが、いくくるさんだった。「どうえ？ご飯行くか？」って。

くるよ　そりゃあ八時間の収録が終わって、「お疲れさまでした～」ってスッとは帰られへん。その日から毎週月曜日の夜は、今いくよ・くるよと中川家のコンビで〝すみれちゃん〟に行くのが定番になったんよね。

礼二　なんばグランド花月のすぐそばにある「炭焼き　すみれ」という焼鳥屋。毎週の収録はホンマ憂鬱でしたけど、楽しい夜が待ってるから、なんとか耐えられたようなもんです。

● 当時は毎週、飲み屋で

くるよ　すみれちゃんで四人で飲むの、なんであんなに楽しかったんやろうなァ。まぁ中川家とは、ほぼ同期みたいな感じに思ってたし。

礼二　同期て！　僕ら子どものとき、いくくるさんの舞台も地方営業も見に行ってますし、『花王名人劇場』はテレビの前にカセットテープ置いて、毎週録音してましたから！

剛　でも確かに、不思議と年齢差を感じたことがなかったです。

礼二　「すみれ」では、きよし師匠のボトルキープを勝手にいただいたりして。

くるよ　すみれちゃんの大将がものすごい味のある人。無口ですねん。

礼二　あだ名が「千日前の高倉健」ですもんね。それで、くるよ師匠が大将のモノマネをやれやれと言うんですよ。

くるよ　カウンター越しで串を焼いてくれてる大将のね、煙を嫌がる顔が味のカタマリやった。

礼二　すみれの焼き台の高さが顔の近くまであるから、顔面で煙を受け止めてしまうみたいなんです。焼鳥の串をコロコロしつつ、「煙たいわぁ」と思ってはるんでしょうね、眉間にシワを寄せる大将……。その形態模写をしてみせるんですけど、大将もノーリアクションやし、フッたくるよ師匠も知ら～んぷりでちゃうとこ見てましたやん（笑）。

くるよ　「大将、全然ウケませんやん」と言うから、「いや今、口角がピッと上がったやろ？　それは大爆笑ってことやで」とか言いながら。

礼二　車掌さんのモノマネも大将に見せてあげぇさぁ、言わはるんでやるんですけど、やっぱり大将は笑わないし、くるよ師匠はヨソを見てる。後に「すみれ」の大将のモノマネは全国ネットでやりました。

剛　毎週、飲ませてもらってると知って、僕らの同期も驚いてましたわ。

礼二　くるよ師匠は覚えてはります？　当時のなんばグランド花月の支配人がふらっとひとりですみれに来られた際に、おふたりが僕らのギャラ交渉してくださったんですよ（笑）。

くるよ　あったあった！

礼二　「なんやさ、アンタ！　中川家のギャラ上げてあげよし！」。その次の日に支配人に呼ばれて、「お前ら、師匠使ってきたないぞ……」って言われましたもん。

剛　しっかり三千円ギャラ上げてもらえました。

くるよ　おっ、そうやったんや！ ええやんか！

礼二　その頃の僕らって、迷いの時期だったんです。仕事もあんまりない。先が見えへんままやり続けるのか、辞めるのか……。いくくるさんは「そんなん言わんと頑張りよし。ええことがあるから」と、漫才ブームの頃の話、東京という大舞台の話を聞かせてくれた。飲みの最後はいつもその話。僕らに夢を持たせてくれたんです。

剛　ギャラが七万とかの時期に、「とりあえず百万までいこう！」って。

くるよ　イケると確信してたから。中川家から地響きみたいなものを感じてたんやろうね。それに気持ちは同期やったから、続けて欲しかった。

礼二　「アンタら男の子やから、次まだ行くやろ?」言うて、いつも一万円をそっと握らせてくれた上にタクシーチケットまでいただいて。どんなフルコースやねん、と。

剛　歩いて帰れてんけどなぁ（小声）。

礼二　ホンマ励ましてくださいました。

剛　その三年後ですからね。『M-1グランプリ』優勝したのが。

くるよ　めっちゃくちゃ嬉しかった！「ワーッ！」って声出たもん。

●そうだ、旅に出よう

礼二　くるよ師匠のかわいいところはパタパタ歩きはる。歩幅も大きくなく、一点を見つめてパタパタッ。お人形さんみたいです。あとね、お腹がすくと喋らなくなる。

剛　だからいつも菓子パンをしのばしてはる。

礼二　なるみさんとも定期的に旅ロケをご一緒してたじゃないですか。くるよ師匠が喋らなくなると、失礼ですけど「誰か菓子パンを口に放り込んどきーや」ってヒソヒソ言うてたんです（笑）。

くるよ　アハハハッ！ お腹すくとアカンなァ。

剛　だからいくよ師匠が常に「どうえ大丈夫？ お腹減ってへん？」って聞いて。

礼二　いくよ師匠は〝気遣い会の会長〟。これは、くるよ師匠の命名です。

剛　会長がいくよ師匠、副会長がきよし師匠。

くるよ　いくよちゃんは世界一の気遣いやもん。

礼二　また旅ロケをご一緒したいです。会社にはずっと言ってるんです。中堅あたりになった今、若手のときにお世話になった師匠とロケをしたいって。

くるよ　中川家との旅は楽しい。海外も行ったやんね？

礼二　オーストラリアに行ったときは夜、ホテルで部屋飲みしたんですけど、さすが気遣いのいくくるさん。部屋にお邪魔したらボトルのお酒とおつまみがビシッと並んだ「スナック いくくる」が開店されてたんですよね（笑）。酒の用意なんて若手がせなアカン仕事やのに。

くるよ　スナック遊びもしたなァ。ホンマ何しても楽しかった。

剛　今やったらくるよ師匠はどこ行きたいですか？

くるよ　国内編と海外編でやりたいなァ。漫才ブームの後に営業で行った北海道を、今ゆっくりと旅したい。

礼二　レンタカーでも借りてまわりたいですね。ただ、お腹すきはると喋らなくなるので、口に入れれるもんは用意しとかな。

くるよ　中川家やったら、どこ行っても土地の人は絶対よろこびはると思う。まず土地の人とお喋りして、「ビッグプレゼントです！」言うて、「いくよ・くるよ・くるよ」で登場するのはどうえ？ 番組タイトルは『街角でどやさ！』。そんなんええやんかいさ。

礼二　僕らはくるよ師匠が行きたいところ、どこまでもついて行きます。

くるよ　私ら三人集まると、気楽でええねんな。

剛　楽しいしかないからなァ。絶対やりましょう！

今くるよ 酒井スエ子のテキスト

高校時代、学校の文集『明徳』に寄せた3本の原稿や日記、芸人となってから週刊誌に寄稿した自伝的小説を再録します。

七月十五日

高校生活の一番楽しい夏休みを迎えた。授業がなくてもクラブは毎日有る。この長期間の休みは計画を立てなくとも私にはクラブがある。今年の夏は、暑さが激しいと、先生から聞いた。夏バテをせぬように、充分身体には気を付けようと思っている。久し振りのミーティングが有って、今後の計画や反省を話し合った。おもに全日大会について、その内容はチーム全体が迫力が欠けているから、精神を統一させて頑張ろうということだった。

少し肩が痛む……でも助かった。練習が途中降った雨のため中止、こんなときの雨は大好きだ。家へ帰ってもおもしろくない。兄が山で負傷したから、父母が交代で病院に通って居るからである。御飯の後かたづけ、洗濯……母のいそがしさがしみじみとわかる。母に対しては、今までわがままいって「すまなかった」と思う。父に対しては、恐い父だが、「いざとなった場合は、やっぱり父だなあ」としみじみ思う。父母とも大好きになった。

七月十六日

昨日、先輩から預かった犬のため朝の五時に目がさめてしまった。全くの寝不足だ。拾い犬のため、大変な失敗をしてしまった。なにしろ、犬の泣声で熟睡出来なかったからクラブに行っている最中フラフラしてたまらない。身体がだるい。「どうしょう」のこれ一点ばりだった。福西先生に呼ばれてベンチまで行った。頭から水をぶっかけて下さった。
「ええ気持」と私は心で思った。先輩が私をかかえて日陰の場所まで連れていって下さった。迷惑をかけてしまった。昨日犬を預かっていなかったら……。同輩が交替で頭を冷したりして応急手当をしてくれた。日頃きびしい先輩だが、いざとなれば何でも良くして下さる先輩ばっかりだ。夏バテ一番といわれるのが少し、しゃくだ。

日記　一年　酒井末子

「明徳」3号掲載

七月十七日

「十時半までに床に入れ」と先生からの注意が有った。だが私はどうしても、床に入るのが十一時になる。母は今日でもう五日も帰ってこない。兄のつきそいのためだ。明日から合宿だというのに……家のふん囲気が悪い。何となく暗い。クラブを休んで父母を助けてやりたい位だ。しかし、今の私には、大変無理な事だ。「何故だ」と問われても、答えられないだろう。昨日の疲れが今日も、なお残っていて、少し身体がだるい。夏バテの二人目が出た。これからも犠牲を出さぬよう皆で気をつけよう。明日からはファイトを出して頑張れるまでやって行くつもりだ。この夏を越せばもう楽になれる。同輩全員と、やっとこの頃笑談をかわせられるようになった。

七月二十二日

練習中、私はキャプテンから「酒井さん一人で十回声を出しよし‼」とどなられた。合宿最後の日でうれしいが、もう身体がだるくてぜんぜんやる気がないためだ。「ファイト‼　ファイト……」五、六回目になったら涙が出てきた。のどがいたくなって大声が出ない気迫の入らぬ私、一つは疲れもあるが、重大な事はめっきりこの頃淋しくなって来ている私だ。相談相手がクラブにいないのが残念だ。もし先輩の嶋さんがおられたらきっと打ち明けているだろう。二時頃で一応練習は終り、それから合宿中のミーティングを済ませ、やっと一息つけたのが家へ帰って七時半、友達のたよりと姉の子供とがわたしの心をどんなになぐさめてくれたことか……。

ソフトボールクラブ

「明徳」4号掲載

全日本、団体、この価値ある大会に出場権を得、全国のタイトルを握る事がソフト部員一同の最大の念願であります。

その日の為に部員達は、個人の我を捨て、あらゆる苦しさと戦い続けています。

レギュラーも補欠も何一つ差別なく、一丸となり厳しい雰囲気で頑張っています。すなわち、私達のソフトクラブでは、各自が自分に厳しくし誰一人くじける者のない。共に姉妹(きょうだい)となって頑張るのです。

「和」を第一に充実したクラブに構成されています。

厳しい練習ニモマケズ、

悪条件ニモマケズ、

寒い、暑い気候ニモマケズ、

「マケナイ」そうです。

「マケテハ……!」の信条で第一歩を踏みだすのです。皆さん、シャツが汗と涙でズクズクにぬれて、ぶったおれる位に身体を使われた時がありますか?

そんな練習の味……私達は知っています。

苦しいだろう……

つらいだろう……

しかし負けるな!グッと歯をくいしばって堪えるんだ。「頑張レ!　負けるナ!」と自分を言い聞かすのです。

先生は言われます。

「魂の入らん練習は『仏つくって魂入れず』と同じだ!　一球入魂!　粗末にするな!

練習はそうでなくては駄目だ」と。何事をする上においてもそうでなくてはならないのです。スポーツ界では「魂」が一つの法則であり、そして「根性」が勝負を決するのです。

激しい日々の練習の結果「やりがいがあった」「ファイトの積み重ねである」と答が出なくては駄目です。立派な先生と優れたコーチについていく部員は心をかたく結びグランドでは真剣に心身を鍛えプレーに確実性を育てています。

思えば昨年は、全国ベスト八位のジンクスの壁を見事破り、全国ベスト三位に進出しました。本年度は更にもう一歩背を伸ばし、全国のタイトルに命を賭けています。時代が進めばソフト界の〝力〟と〝技〟のレベルも高くなってくるのも当然であります。

現在の練習のスケールが大きくなっているのも、常に全国のレベルに遅れてはならないからです。

全国に明徳のソフトの実力を！

全国に京都のソフトの名を！　とどろかそうとする。この底知れぬ気迫から生まれたかたい誓いを夢に終わらせないで実らせてみたいものです。

学生時代のクラブ生活を通し、何かを己の身体で味わい〝己の身体でぶつかり経験した〟と言えなければいけません。ソフト・クラブはプレーを通し、〝何事も負けない人〟〝嘘、偽りのない人〟〝誰からも愛される人〟になろうと心掛けています。そうなのです。

グランドは、私達の人格の形成の場でもあります。部員はあくまでも明徳生であります。明徳生の皆さんも自分の仲間がクラブ生活をしているのだと思って見守って下さい。

これからも一層腕にみがきをかけてハッスルします。私たちの大きな夢を実現さえるために！　いつ迄も暖かい御支援、御協力をお願い致します。

×　×　×

青春は何もかもが実験である。

―スチーブンソン―

ソフトボールクラブ

「明徳」5号掲載

私たちのクラブ生活。

苦しい時もありました。そして、くやしさをこらえ切れずに声を上げて泣いた日もありました。しかし。スポーツマンの信条だけは守り続けるのです。

「やり抜く!!」そうです。自分の力をどこ迄もためし続けるのです。

途中で止まることも、休む事もゆるされないのです。

来る全日本選手権に備えての犠牲は各自がゆるしあい毎日毎日、練習と戦うのです。思えば、昨年の全日本選手権……九州の暑さにバテぬようにと、思い切り、正面から練習とぶち当りました。

〝根性〟スポーツマンであれば、無くてはならない心構えです。

人間は……その中でも健康体でなければなりません。

ソフト・ボールはチーム・プレーでありますから、全部員が身体に気を配り常に健康体を保つ事に心掛けています。

〝まずは〟丈夫な身体でソフトを!! 私たちはそう考えているのです。

八月といえば京都でも相当暑いと言われます。35度が毎日続く……。覚悟はしていたのですが……暑い！ 暑い！

グランド不足で練習時間も短くされる。遠いところまでグランドを探しての練習。悪条件の中で試合に向うには、ただ根性一つに賭けられてきます。少々バテ気味でも、それも不思議な何ものかの力で感じられませんでした。

試合は予定通り開始されました。

負けたチーム、勝ったチーム。喜びの声と涙だけの悲しい声。「勝たなければ結局なにもならないのです……」

我々のチームはとに角、今年は「やってみせる」の意気ごみで相手チームを倒して行きました。

しまいには、同宿舎のチームと戦い、勝って宿舎の主人をこまらせてしまったこともありました。

一回戦二、三、四、五回戦、着々と白星を上げる我が明徳。

優勝戦はもう運を天にまかせての戦いでした。無欲の戦いとはあの時のことでしょう。

七回迄0対0。

エースピッチャー奥沢に負けぬほどの相手のピッチャーの体格とスピード。熱戦がくりひろげられるのです。

奥沢は身体がつかれているのか、どうなのかもわからない自分を気をゆるさず、引きしまって投げぬくのです。

八回表。

運はむこうについてしまったのです。

ライト前のファウル線ぎりぎりに打たれたボール。勝負の瞬間それはあっけなく終ってしまったのです。この苦くまた美しい思い出をいつ迄も部員一同忘れることがないでしょう。

これからの練習にも、チームが一つになって努力し続ける事を自分自身にも皆さんにも誓います。

竹とんぼ

『サンデー毎日』82年11月14日号掲載

一

思いもかけない事が、ふいにやって来るかのように、父が「弁当を持って、ハイキングにでも行こうか?」と私に声を掛けた。小学校五年のときだったろうか。

「何だろう急に……珍しい事もあるものだナァー……」

そんな父の誘いに、私は目をまぁーるくして、「エッ! ウン」と返事をした。父と娘の初めての二人きりのハイキングだなあと思っていた。何故急に言い出したのか不思議だった。父は明治生まれの気骨がムンムンして、マイホームパパ的な甘いムードはこれぽっちもない。たいていの家では食卓を囲みながら、一家団欒にこんなアットホームな会話があるはずだ。

「今日のテスト、お前何点だった?」

「そうかい、次は頑張らないと……」

「お父さん、今日○○デパートで、こんなにいいコートが安く手に入ったのよ」

とか、

「近所の××さん、今度お家を建て増しするんですよ」

「そうかい、うちもそろそろ考えないと、家が壊れるナァ、大家族だもんナァ」

でも、家ではそんなことは絶対に起こらない。食事中に話しでもしようものなら、

「行儀が悪いぞ!! 黙って食べろ!!」

と雷が落ちる。

そんな父が、自分からハイキングに行こうと言い出したのだから、子供心にもとまどいを感じた。今言って、今すぐの父は、簡単な服装でもう出かけようとする。母に「外出着出して」と私が頼んだら、「そのままの格好で良い。転んでも平気だ！」と、とりあってくれない。そのままの格好で保津峡のハイキングコースへとふらりと出かける事にした。

ところどころ急な坂道があっても、黙々と歩き続ける父。

「お父さん、待って!!　もう少しゆっくりとお願い」

「川の水がとってもきれい!!　この水のめるのかナァ」

「紅葉ってこんなに赤くなるの？」

父の背中に話しかけるけど、何の返事もない。「フン、頑固者!!」これじゃただ歩くだけで、わざわざ遠くまで来たようなものだ。

しかし一つだけ楽しいことがあった。川原で平たい石を見つけて、水面をアンダースローで投げて、ピン、ピンと石をはねさす、何回はねさすか競う―あれは何て言うのだろう―で遊んだこと。私、力一杯飛ばしたけど、ピン、ピンと、二回しかはねなかった。

父は三回も。それも、何十回と。「お父さん、凄いナァー、強いんだナァー」父は私の顔を見ながら、目を細めて、「上手だろ！」とひと言。「上手いナァー」と私が言って、あとに続く会話は、家に帰るまでなしのままだった。

それから、七、八年位たっただろうか。急に父が、身体の変調に気付き、いやいや入院した。この時もまた不思議だった。「あんな丈夫な父が何故……」。でも、すぐに退院してくるだろうと思っていた。

ところが、一年、二年とすぎた。そんなに長くなるはずがないと自信はあったけど、どうしても、もひとつ悪いところがあって、それがいつまでたっても消えないで困っていると言い出したのは、入院してもう四年位たったころだと思う。

二

私のすぐ上の兄は「オサム」と言いました。

近くにもう一人「オサム」君がいた。ある日のこと、近所のおばさんが血相を変えて、「おたくのオサムがうちの息子を泣かして顔に傷を負わせましたんや!! どうしてくれますんや!!」

と、すごいけんまくで我が家に乗り込んで来た。運悪く、父が丁度家にいる時で、

「なんですか! うちのオサムが!! これはどうもすいません!」

「よう怒ってやって下さいよ!!」

「ハイ、スイマセン」

父の顔から一瞬にして血の気が引き、目は鷹のごとく、一点をにらみつけ、もうすでに片手を上げて、二階にいる兄を引きずりおろした。裏庭へつれていく。

「カンニン!!」

兄の目には、もう涙、涙。子供は、父の恐さを肌で感じて知っているだけに、もう恐怖心しかないのである。足をバタバタさせている兄を、無理矢理ずるずるずるーっと引きずるのだ。

竹とんぼ

それでも兄は、構わず座り込んで、引っ張られる手を、綱引きみたいに精一杯押し返す。父の力は凄い。そんな兄を軽く引っ張り、顔から、頭からなぐり倒す。母が、「かんにんしてやって下さい」と止めに入ってこようがだめだ。他人に迷惑をかけるような息子が絶対に許せないのである。もうどうしようもないほど頑固なのである。

兄が「僕と違う！」と大声をあげて、父に一生懸命誤解を解こうとしていた時だ。「すいませんでした。家の子供をいじめたのは、おたくのオサムさんと違って……」

先刻のおばさんが、えびのごとく二つ折りに腰を曲げて、申し訳なさそうに入ってきた。目を三角にして勢いをつけて来た時の顔は、どこへ行ったんだろ。どうもオサム違いだったらしい。間違いにもひどすぎるではないか。

母は、「エッ、うちのオサムではなかったんですか」と父に聞こえるように言ったが、父は、「間違いか……」と言っただけでどうしようもない顔を見せ、すぐ「いやぁ、気をつかわんで下さい。わざわざどうも。まぁ、子供同士の事ですから……」と言った。

しかし兄は、あんなに顔をはらして泣いているのに、ひどいではないか。父は、「悪かった」のひとことを言えば良いのに、それが言えないのである。わがままや迷惑は絶対に許せないのである。今回は許してやろうというおまけがないのである。

そんなことがあった兄も「父親に謝ってもらわずに」、心臓に水がたまってどうしようもなく死んでしまった。病院から葬式に駆けつけた父は、兄の遺影の前で男泣きしていた。父はそこで初めて謝ってくれたのかもしれない。

悲しみは重なってやってきて、むごたらしさを感じる。

兄の死から四カ月もたたないころだ。

「お父さん、調子どう?」

「うん、夜中に飲む水がおいしい。昨晩、夢を見た」「どんな夢?」「中国人が三人、ワシに向かって攻めてくる。二人やっつけたけど、どうしてもあと一人を倒せられん」「へェー」

白髪がずい分、増えたナァー。髪の毛が何となく、弱々しい。それにしても無口な父、よく喋るナァー。

「……それにこんな夢を見た。川があって、真っ白できれいな花が一面に咲いてて、本当にきれいやった。お父ちゃん、あの川、渡りたいねんけど、渡れへん。誰かがひっぱりよるねん……」

「エッ」

今、何の話、してんのん。夢の話やけど、ちょっと違う。何でそんな話をするのん?

「あいつには苦労かけたナァー。ほんまによう我慢して家の事、ようしてくれよった」

私は、父の入れ歯を洗っているが、涙が出て、顔を上げられない。あかん、泣いたらあかん、ひょっとしたら……。

この父と私の時間は、親子が一生話すには不十分な時間だったと思いますが、精一杯話が出来たと思う。

父は起き上がるのにも、大儀そうに横になったまま話を続けていた。私は下を向いたまま、何回も何回も入れ歯をみがき、涙が止まってくれるのを待った。窓から病室に、心地良い日がさしこんでいるのに気付くと、

竹とんぼ

「お父さん、ちょっとカーテン開けて、お陽さん入れようか」

「そうやナァ」

やっと涙が止まり、また話しかけられると涙が出そうになるのをぐっと我慢して、入れ歯を渡す。

「うーん、気持ち良い」

（お父さん、死んだらあかんよ!!）

まだ、お父さんが生きてないと、仕事で、身体の自由をなくした長男が結婚せずにいるし、親不孝な息子もいるし、この末っ子の私には余りにも、お父さんとの思い出が少なすぎるもの。あのハイキングへ行った事が最後の思い出になるなんて、余りにも、あっけないのではないでしょうか。

病室を出る時に父は、ぽつんと「何でも良い、一番になりゃ……」、突然の言葉なので「うん」と答えた。心の中では、そんな無理な事を言わんといてやと言っていた。

「私、帰ります」

「今度、お父さんの好きなイカの塩辛持ってくる」

「もう、何にもいらん」

「けど好物やろう?」

「そしたら、また……」

好物のイカの塩辛をそろそろ持って行こうかなと思っている時に、父は息を引きとった。

エッ！　本当、死んだの！　病室での二人の話は、あれは父が子供に言い遺した言葉なの？

神様、どうしてもっと、もっと父を……。これからの私の事を相談したかったのに、だから末っ子はいやだ!!　親と一緒にいる時が一番少ないもの!　父は最後まで看護婦さんの手をわずらわす事なく、私物はきれいにまとめてあり、痛いとも、かゆいとも言わなかった。それが明治男のプライドだったんですか?

そんな頑固な父の意外だったことは、毎日、日記をつけていた事である。病室から見える四季の移り変り、院内にある畑に、さつまいもや、きゅうりを植えて、それが育った事。久し振りに、会社の友人が見舞いにきてくれた事が綴ってある。

身体が重く、つらかった事は、どの頁にも書かれてない。お父さん、それで良かったの?家族の誰にも甘えずに、あの世へ行ってしまって……、余りにも、みずくさいのと違う、お父さん、私、悲しい。

それから二年もしないうちに、姉も心不全で亡くなった。姉も、大恋愛をした男性との結婚を、父に「まだ早い!」と激怒され、挙げ句の果て「出て行け!」とまで言われ、泣けるだけ泣いたことがあった。

肉親のわかれって、ないものだと思ってましたが……。

三

あれから、私ずい分、人生が変わった。六人兄弟の末っ子だから、親との縁がうすいかわりに、自由に生きられるってとこが、自然に身体にあって、まあ、気ままにやってます。困っ

竹とんぼ

た事に、お父さん、あなたの頑固さが私の身体に残ってる気がして、なつかしくなります。

ひょんな事から、ＯＬをやめ、私は芸能界へ入り、ずい分、大変な思いをした。

素人の私が続けられる訳はないと思っていましたが、もう十一年目に突入するんです。もし、私が芸能界へ入りたいと打明けたとしても、お父さんが生きていたら、絶対にゆるしてくれなかっただろうし、またぼかぼかなぐられて「出て行け!!」と怒られるのが関の山ですもの。

しかし、お父さん、運命って解りませんネ。ついこの間、運命占いに見てもらったら「あなたは、親とは縁がうすく、家を出て、自分の力で、やって行く運命であり、財はなすが結局、その財もゼロになる」

当たってる気はしますが、何が財なのか。もし、財をなすほど仕事が出来たらラッキーな運命だけど、結局ゼロになるとは……。当たってるような気がするし、ゼロになるのも気楽で良いと思う。それを聞いた時は、なんか、身体がふわぁと軽くなって、かえっておもしろい人生やって行けると思った。

見てもらった六十幾つの先生は、生年月日と両親からもらった名前で、占いの判断が出来るらしく、犯罪を犯すのも、最初からそんな運命になる名前になっておるという。運命が解ってしまうほど、つらい事はないし、おもしろくもないが、ともかく、私の運命は、一人で生きて、死ぬ時はゼロになるらしい。まあ、そう思えば気楽さが倍増する。思い切りフィーバーしよう。

しかし名前が気苦労の多い画数だからたえず悩みがあるし、壁にぶち当たる。スイスイと

行ける、思い切り良い名前に変えようかと、真剣に悩み、会社の課長に、

「どうでしょ、気苦労の多い名前ですので、この際、変えてみようと思いますが……」

と相談を持ちかけたら、

「今さら何をいうのや。このままでエエやないか」

「そうですか？　けどちょっとも忙しならへんし、悩みは増える一方です」

「しょうもない事、いうてんと、今日劇場に寄席を見に来て下さったお客さん満足さす芸人にならんと話は始まらんぞ！」

「そうですか……」

そうや、絶対、そうや。今日来てくれた、お客さんを満足させん事には、いつまでたっても売れん。でも、〝満足さす〟ってどんな事を言うんやろう。ぼやぁーっと、その言葉が身体の何処かに残り、汗を流して高座をつとめた。けど一向に、仕事はない。相方のいくよちゃんも、目をらんらん輝かせて、やってる。けどなかなか仕事は来ない。どないなってるんやろ。このままで終わったらいやや。

「あいつら、いつまでこの世界におる気やろ!!」

「いつまでたっても下手な漫才やっとるナァー」

そんなえげつない言葉が耳に入りだし、「もう退めたら、どうやネン二人共」

この言葉ぐっときました、いやちゅう位に。

今、途中です!!　こんな途中で、下手やとか、退めたらどうやネン、そんな事いわんといて欲しい。扁桃腺が痛なる位、泣いた、こんな時は何をやってもしんどいものです。お父さ

ん、何とかならないものでしょうか。お父さんに不器用なまで似てしまって……。

新人がワァーと出演して、誰が一番目立つか、誰が売れるか、そんな番組の時ですら、わたしら「どうぞ、お先に!!」いってしまう。ひょうきんなギャグも、奇声を上げる手もなく、持ち時間を一生懸命やってたら、「いつかは誰かが認めてくれる!!」という古き良き時代チックな古風な考え方を持っていた。結局、ああ！　お父さんも地味なんです。そんな所まで似たくはなかったのに……。

しかし仕事の相方には、私、恵まれています。お父さんもよく知ってる高校時代にソフトボールやってたキャプテンの里谷さん。あの頃は、日に焼けてまっ黒だったけど、今は、凄く洗練されて、ファッション、ナウイのよ。コンビ別れもせずにいられるのも、お互いにスポーツを通じての友達だから。あっさりしているし、チームワークの偉大さを学生時代に植えつけられていたお陰だと思います。その点は、心配しないで下さい。

四

京都の町にも地下鉄が通るし、祇園はビルがどんどん建つし、隣の砥石屋さんもビルになったし、お米屋さんも末っ子の幸治君が立派にあと継ぎをして、精米機は、毎晩、頑張って幸治君の右腕になってるし、ずい分変りました。変らないのは私の家だけのようです。

重病を負った兄は、鍼灸師の国家試験を取得しましたが、昔からの気の弱さで、開業までにはこぎつけず、無料で診てあげているらしく、それはそれで兄の生きがいになっているから良いと思います。

母は、ずい分年をとって、おまけに十何年間も兄に付きそったために、すっかり足を弱め、無理するとこうつぶやきます。

「ああ、つまらない人生や。頑固なお父さんに泣かされ、嫁をもらわん子供と……足は痛いし……」

愚痴っぽくなってしまう。でも、根が丈夫ですから、未だに駄菓子屋を一日も休まずに、近所の子供相手に暮らしております。

「エエ加減退めたら」

と私が言えば、気丈な母は、

「死ぬまでやる。これが生きがいやから……」

本当にそうかもしれません。だから私は、母の生きがいをこわす事はしないでおこう。

「もうエエ加減に退めたら！」とは言わないようにしています。

お父さんの生きかたは、なんだったんですか……。私、会社の人が言ってくれた言葉通り、ともかく、目の前のお客さんに満足してもらえる事を生きがいにやってみました。来る日も来る日も、劇場と家の往復。それでも地味にだけはならんとこ、と必死でした。劇場以外に仕事がないから、時間は、ぜいたくな位にありました。最初の二、三年は、ズブの素人だから、物珍しさが勝って、見るもの、聞くものが、新鮮で、「おもしろいナ、里谷さん、平凡なＯＬ生活も良いけど、やっぱりこっちの世界の方が、毎日おもしろいわぁ」

と思っていた。

竹とんぼ

学生時代のグループが集まって、一晩飲み明かすこともあった。みんなへべれけに酔って、「芸能界ってとこ、おもしろいよ!!　皆な私らが売れたらどこか一泊旅行つれて行く!!」

「どうせ大阪やろ!!」

「ハァハハ!!　もっと遠いとこ!!」

「本当やネ!!」

「本当や!!」

毎日楽しかった。……しかし、「おはようございます」のあいさつが、ごく自然に口から出るようになってくる頃から、「何とかしなあかん。このまま売れんままでは、後悔が残る」と苛立ちが出はじめた。鳴かず飛ばずやないか。楽屋話で「あいつの女はどうや」とか「あいつ先刻えらい失敗しよってナ」「あいつは、こまかい。がめつい……」毎日々々他人の話ばっかり。そんな会話の中にも入らないけない世界やけど、その渦の中にまき込まれたらいかん。そや、染まったらあかんのや。人の事で話に夢中になってる場合やない。そんな事言ってる間に仕事をせないかんのと違うやろか。井戸端会議にも一理あるけど、仕事が先行せな、後で何やったんやろうと後悔する。そう思うと、不思議に変に気を遣う所をすんなりカット出来た。

いつもの変りない劇場と家の往復の毎日だけど、ある日、いつものネタで、いくよちゃんが「Aカップ80センチ」「私ワンカップお腹まわり」と軽くお腹を叩くネタがあるが、突然、タイミングよく「バチン!!」と快音が出たのである。びっくりしました。今まで聞いた事のないお客さんの笑い声。もう一回バチン、ワァ、これはいける。毎回このパターンをくり返し、前より回数をぐーんと多くした。だんだん受けだすと、いやな先輩がいるもので「これ、お腹叩くのん、あの人の真似やろ?」といわれた。

（違います!! いつまでたっても仕事のない売れんコンビが十年やって売れんかったらいさぎよく退めよ!! と決めて舞台に上がってるものの、悲鳴です!!）

言い返してやりたかった。私達コンビだけの力で必死に舞台をしても、それを、持ち上げて、前に出してくれる人がなかったら、しょせん、この世界では、相変らずのままなのです。

そんな私達に「花王名人劇場」に出演するチャンスが巡ってきた。

「東京の国立（劇場演芸場）で漫才するんや、メンバーに入れとくから」

「エッ」

「頑張りや、チャンスやで!」

シビアな世界だけど、私達コンビの勝負時だった。

「客に受けんかったら没やで」

私達のマネージャーが念押しする。私達がこの世界に入った時から、漫才のけいこを夜中までつき合ってみてくれた人である。だからそのことばが温ったかくも聞こえた。この人に言われたら本望や。死ぬ気でやる。初めての東京のお客さん、丁と出るか半と出るか……。

「花王名人劇場」のサイのような、大柄のプロデューサーは、あんな大きな目を細くして言ってくれた。

「悲しみ辛さを隠し、相方のいくよと肩を寄せ合い頑張ってるのを見たら、何とかしてやらんとな……しかし、死ぬ気でやりなさい。スタートはこれからやで!」

竹とんぼ

私たちは、昔よく遊んだあの竹とんぼとよく似てる。誰かうまくあの棒を回してくれる人がいなければ飛べないもの。私たち、人がさしのべてくれた手のおかげで生きてる。でも、思い切り飛びたいです。

× × ×

お父さん
私は竹とんぼ
なかなかビュッビュッとは飛ばない竹とんぼ
ソレッ！
手と手を合わせ
目を丸くじっと羽とにらめっこ
エイッ！飛ばして下さい
私は竹とんぼ

今 くるよ（いま くるよ）

京都府京都市生まれ。1970年、島田洋介・今喜多代師匠のもと、高校時代の同級生である今いくよと女性コンビ「今いくよ・くるよ」を結成。1980年『花王名人劇場』出演を皮切りに、1984年に上方漫才大賞、1988年に花王名人大賞、2015年10月には50回 大阪市市民表彰 文化功労部門を受賞。いくよの死去後はピンで活動。くるよと中川家の3人でユニット「今いくよ・くるよ・くるよ」を組むなどして活動もしている。

くるよちゃん

2018年12月25日　初版発行

著者　今 くるよ

発行人　藤原寛
編集人　松野浩之

編集　竹内 厚 / 廣田彩香 / 立原亜矢子
デザイン　楯 まさみ
編集協力　牧野恵子 / 白仁田佳恵 / 平山幸枝
イラスト　寺田マユミ
撮影　佐伯慎亮
営業　島津友彦（ワニブックス）

発行　ヨシモトブックス
〒160-0022　東京都新宿区新宿5-18-21
☎03-3209-8291

発売　株式会社ワニブックス
〒150-8482　東京都渋谷区恵比寿4-4-9
えびす大黑ビル
☎03-5449-2711

印刷・製本 株式会社光邦（林 和樹）

ISBN：978-4-8470-9730-0　C0095